BIBLIOTECA DE TEMAS JUDIOS

ISER GUINZBURG

EL TALMUD

Traducción del idisch de
SALOMON RESNIK

Introducción de
JOSE MENDELSON

Tercera edición

M. GLEIZER, Editor
Buenos Aires, 1946

Con la colaboración de
HUGO M. GLEIZER

LIBRO DE EDICION ARGENTINA
Impreso en la Argentina — Printed in Argentine

Editorial MAXTOR
Fray Luis de León, 20
47002 Valladolid
983 090 110
pedidos@maxtor.es
www.maxtor.es

I.S.B.N. 84-9761-579-4
depósito legal: VA-296-2009

יבמות   חמש עשרה פרק ראשון

בני צרות אני מעיד לכם תא שמע בימי ר׳ דוס׳
בן הרכינס התירו צרת הבת לאחין שמע מינ׳
עשו שמע מינה גופא בימי ר׳ דוסא בן הרכינ׳
התירו צרות הבת לאחין והיה הדבר קשה
לחכמים מפני שזקן גדול היה ועיניו קמו
מלבא לבית המדרש אמ׳ מי ילך ויודיעו אמר
להן ר׳ יהושע אני אלך ואחריו מי ר׳ אלעזר בן
עזריה ואחריו מי רבי עקיבא הלכו ועמדו על
פתח ביתו נכנסה שפחתו אמרה לו ר׳ חכמי
ישרא׳ באין אצלך אמ׳ לה יכנסו ונכנסו תפסו
לר׳ יהושע והושיבוהו על מטה של זהב אמר
ליה ר׳ אמור לתלמידך אחד וישב אמ׳ לו מי הו׳
ר׳ אלעז׳ בן עזריה אמ׳ ויש לו בן לעזריה חבירנו
קרא עליו המקרא הזה נער הייתי גם זקנתי ולא
ראיתי צדיק נעזב וזרעו מבקש לחם תפסו
והושיבו על מטה של זהב אמר ליה רבי אמור
לתלמידך אחר וישב אל׳ ומי הוא עקיבא בן
יוסף אמ׳ ליה אתה הוא עקיבא בן יוסף ששמך
הולך מסוף העולם ועד סופו שב בני שב כמות
ירבו בישראל התחילו מסבבים אותו בהלכו׳
עד שהגיעו לצרת הבת אמ׳ ליה צר׳ הבת מהו
אמר להן מחלוקת בית שמאי ובית הלל הלכה כדברי מי אל׳ הלכה כב״ה אמרו ליה
והלא משמך אמרו הלכה כב״ש אמר להם דוסא שמעתם או בן הרכינס שמעתם אל׳
ר׳ חיי שהם שמענו א׳ להם אח קטן יש לי בכור שטן הוא ויונתן שמו והוא מתלמ׳
שמאי והזהרו שלא יקפח אתכ׳ בהלכו׳ לפי שיש עמו ג׳ מאות תשובו׳ בצר׳ הבת שה׳
מותר׳ אבל מעיד אני עלי שמים וארץ שעל מדוכה זו ישב חגי הנביא ואמר ג׳ דברים
צרת הבת אסורה עמון ומואב מעשרין מעשר עני בשביעית ומקבלים גרים מן
הקרדויים ומן התרמודים תנא כשנכנסו נכנסו בפתח אחד וכשיצאו יצאו בשלשה
פתחים פגע בו ר׳ עקיבא אקשי ליה ואוקמי אמ׳ ליה אתה הוא עקיבא ששמך הולך
מסוף העולם ועד סופו אשריך שזכית לשם ועדיין לא הגעת לרועי בקר אל׳ ר׳ עקיבא
ואפילו לרועי צאן : עמון ומואב מעשרין מעשר עני בשביעית דאמר מר הרבה
כרכים כבשו עולי מצרים ולא כבשום עולי בבל וקדושה ראשונה קדשה לשעתה
ולא קדשה לעתיד לבא והניחום כדי שיסמכו עליהן עניים בשביעית ומקבלים גרים
מן הקרדויים והתרמודים איני והא תני רמי בר יחזקאל אין מקבלים גרים מן הקרדויים
אמר רב אשי קרתויים איתמר כדאמרי אינשי קרתויי פסילים ואיכא דאמרי תני רמי
בר יחזקאל אין מקבלים גרים מן הקרתויים מאי לאו היינו קרתויים היינו קרדויים
אמר רב אשי לא קרתויי לחוד וקרדויי לחוד כדאמרי אינשי קרתויי פסילי ר׳ יוחנן
וסביא דאמרי תרוייהו אין מקבלים גרים מן התרמודים וכי אמר רבי יוחנן הכי והתנן
כל הכתמים הבאים מן הרקם טהורים ורבי יהודה מטמא מפני שהם גרים וטועים
מבין הגוים טהורים והוינן בה   מפסיק

Una página del Talmud de Babilonia, primera edición, Venecia, 1520

INTRODUCCION

El conocimiento de la Ley conduce a la prudencia.

(Tratado Aboda Zará, 20)

Rabí Meier solía decir: «Hasta el gentil que se aboca el conocimiento de la Ley es equiparado al Sumo Sacerdote».

(Tratado Sanedrín, 59)

Cuando Dios, bendito sea Su nombre, se reveló para otorgar la Ley a Israel, lo hizo no en un idioma, sino en cuatro: en hebreo, latín, árabe y arameo.

(Sifre, *último capítulo*)

I

Acertada idea ha tenido mi buen amigo Salomón Resnick al traducir del idisch al castellano *El Talmud,* del doctor Iser Guinzburg y el editor M. Gleizer no podía haber deseado una obra mejor, más oportuna y útil en estos momentos, para iniciar su «Biblioteca de Autores Judíos». En forma sintética, pero completa, expone este libro el génesis del Talmud, en el sentido directo y restringido de este término, o sea, tomado como una colección de libros en que se ha recogido y codificado el tesoro de la legislación, el folklore, las leyendas, las controversias teológicas, las creencias y supersticiones, las prescripciones sociales y civiles que han surgido en el judaísmo en el lapso de unos ochocientos años, por obra de cerca de cinco mil doctores.

Feliz iniciativa, digo, es la de traducir y editar en castellano esta obra, muy útil como elemento de información para el lector judío y no judío, alejado del Talmud y de la riquísima literatura que a su respecto existe en otros idiomas. Por desventura, no contamos en español con una bibliografía, siquiera informativa y de vulgarización, acerca del Talmud y la literatura rabínica; ni del Talmud, dicho sea de paso, en la acepción directa, intrínseca de la palabra, ni en el sentido más amplio del concepto, o sea, como proceso de la producción espiritual del pueblo judío, proceso que ha durado 1.500 años y que tiene una importancia capital en la historia de Israel y en su lucha por su existencia.

En lo tocante al Talmud enfocado a la luz de los dos conceptos que acabamos de distinguir, reina entre la intelectualidad de habla española, judía y no judía, una notable ignorancia, originada por la falta de información. Frecuentemente queda uno pasmado viendo las consecuencias a que conduce ese lamentable vacío. Así, por ejemplo, un investigador tan acreditado como Adolfo Bonilla y San Martín, en su «Historia de la filosofía en España», en el tomo que consagra a los judíos, habla del Talmud con una comprensión similar a la que tendría un niño acerca de la teoría de Einstein. Y en cuanto a la literatura antisemita que circula en castellano y que parlotea del Talmud sin tener noción de lo que éste representa como colección múltiple de libros, no vale la pena hablar siquiera.

Deplorable es, en verdad, que esto suceda en la moderna literatura castellana, ya en la periodística, ya en la de carácter científico. Tan luego en la lengua a la que Alfonso el Sabio hiciera traducir el Talmud; la misma que ya contaba en el siglo XI con una literatura polémica, en favor y en contra del Talmud; la que Rabí Salomón Aderet, llamado por apócope «Raschba», empleara para componer una obra encomiástica del Talmud, pulverizando los ataques de Romando Martínez; el idioma en que se ha escrito bastante, allá en el siglo XVI, en pro y en contra del Talmud, como, verbigracia, «El mostrador de justicia», del converso

Abner de Burgos, o los trabajos apologéticos de Emanuel Aboab y David Nieto; con tales antecedentes resulta en verdad incomprensible que reine tan crasa ignorancia sobre esta materia en el mundo hispánico.

En nuestros días, más que en los tiempos pasados, la judeofobia ha vuelto a actualizar el vocablo «Talmud», blandiéndolo como una especie de espantapájaros y presentándolo como una enseñanza esotérica. De ahí que sea hoy tan necesario ofrecer a los lectores de lengua española, judíos y no judíos, una información objetiva sobre el Talmud, esquemática pero completa, desprovista de pasiones, basada en el respeto a la verdad y al saber; de ahí, también, que el trabajo de Guinzburg sea el más apropiado para este fin. Es de esperar que el presente libro sea leído con interés por toda persona que no abrigue pasiones especiales ni en favor ni en contra de los judíos, fuera de la pasión por la verdad y por el saber.

No me detendré sobre el Talmud considerado como colección de libros, como enciclopedia sui géneris de la vida y de la labor espiritual de Israel, de la dialéctica, de la teología, de la escolástica, de la hermenéutica judías en el curso de muchos siglos; como conjunto de los libros de la Mischna, Tosefto, las dos secciones de la Guemara, Safra, Sifre, Mekilta y los innumerables Midraschim, así como la exégesis de las dos grandes secciones talmúdicas: la «Halaja», que comprende la jurisprudencia, las costumbres, las leyes civiles, religiosas, sociales y penales, y la «Hagada», que abarca el romanticismo nacional, las leyendas, las fábulas, las ansias místicas, las esperanzas nacionales, el folklore, las historietas, las creencias y supersticiones populares, los aforismos, las sentencias éticas, las alegorías y la predicción de distintos acontecimientos.

No me detendré, como digo, sobre los orígenes y la formación del Talmud, ni en el proceso de su recopilación y codificación, ni en su estilo, ni en su lingüística, ni en su forma, ni en su contenido arcaico, ni en su orden, encarnación del más absoluto desorden. De todo esto trata en forma popular y sucinta el presente libro, cuyo autor es un renombrado publicista de Nueva York que ha escrito, además de esta obra, otra sobre los orígenes del cristianismo y una historia biográfica de los filósofos y poetas judíos de la Edad Media, en dos volúmenes. El doctor Guinzburg ha expuesto con brillo y notable competencia el origen y la formación del Talmud, y Salomón Resnick ha logrado verter este libro en forma impecable, exacta, precisa, al punto de equipararlo con el original.

En lo que sí me he de detener más adelante, con cierta amplitud, es en el significado del Talmud en la acepción amplia del término, considerado como fuerza espiritual creadora y permanente del judaísmo por espacio de siglos, como maremágnum de la Ley Oral dentro de la historia de los judíos, así como en el papel que ha desempeñado en la conservación de Israel como pueblo desprovisto de territorio y en su lucha por la existencia en el seno de las demás naciones.

Naturalmente, tal propósito no puede ser agotado en una breve introducción, en la que sólo cabe una reseña sintética del tema en su aspecto histórico general, sin que se pueda hacer hincapié en las particularidades de tal o cual orientación dentro de la evolución del Talmud, ni en la diferenciación de las distintas tendencias, épocas y personalidades que han intervenido en una u otra forma en el proceso, llamémoslo así, del Talmud.

Pero antes de abordar este aspecto quiero señalar escuetamente cómo habría que enfocar el Talmud, en la acepción restringida de esta palabra. Me refiero, desde luego, a las personas exentas de prejuicios sobre la naturaleza del Talmud y no a los panfletistas vulgares. Tengo en cuenta a los lectores que son y pueden ser objetivos, a aquéllos que sólo desean una información verídica y que aspiran a enriquecer su caudal de conocimientos para poder juzgar honesta y razonablemente los fenómenos y procesos de la historia de los pueblos, de sus culturas y civilizaciones.

El método más apropiado sería el histórico-objetivo, único que debieran emplear los judíos y no judíos de nuestro tiempo, ya que unos y otros se ven ahora libres de las trabas escolásticas y llevan una vida arreligiosa y ven en la religión un producto de la labor espiritual del hombre, un eslabón en el desarrollo del pensamiento humano, una expresión de los sentimientos y emociones del hombre; éste es el único método justo y razonable para encarar el conocimiento del Talmud, para analizarlo de conformidad con las perspectivas de la historia: cuándo y cómo ha surgido, qué necesidades vitales, sociales, éticas y nacionales ha satisfecho, debiéndose ajustar siempre ese estudio a la luz de las circunstancias que han causado su formación y codificación.

No es con amor excesivo ni mediante una santificación apasionada, ni por medio de ingenuas tentativas de racionalizar el Talmud cómo se debe defender a éste contra las agresiones de sus enemigos empedernidos, quienes, en realidad, no toman tanto por blanco al Talmud, como a los judíos. (Tentativa necia, por lo demás, puesto que las masas israelitas llevan un género de vida esencialmente diferente del que especifica el Talmud). Pero tampoco hay que enfocarlo con odio, negándolo en absoluto, ni atribuirle patrañas y cosas que no tienen pie ni cabeza.

El método para estudiar el Talmud debe ser por encima de todo científico y objetivo y tiene que ajustarse a una perspectiva histórica y geográfica, es decir, que debe señalar cuándo y dónde se ha ido tejiendo el proceso de su génesis. El Talmud no debe ser alabado ni censurado, no hay que ensalzarlo hasta el exceso como algo enteramente sagrado y sublime, como un dechado de ética y moral, de amor a los hombres y a los pueblos, y tampoco hay que condenarlo como obra demoníaca, como colección perversa y secreta que predica el odio contra los no judíos y que está repleta de groserías y de ignorancia, de supersticiones y hasta de elementos pornográficos, conforme lo han hecho los libelistas y antisemitas de todos los tiempos.

Ni lo uno ni lo otro, pues ambos caminos serían falsos. Lo que se necesita es comprender exactamente el Talmud, darse cuenta de su origen, de su época, conocer su contenido. Después de todo, ya ha dejado de ser un libro secreto, pues existen traducciones científicas, completas, hechas por judíos y no judíos, en alemán, francés, inglés, ruso; la leyenda acerca del misterio del Talmud pertenece ya al pasado.

Lo que corresponde, tratándose del Talmud, no es bendecirlo ni maldecirlo, sino conocer su contenido tal cual es en realidad, con todas sus cosas buenas y bellas y con su porción de tonterías y supersticiones que arrancan de la época en que ha nacido. Sobre todo conviene comprenderlo y juzgarlo con perspectiva histórica, objetiva, como colección en que se ha recogido *todo* lo que los dialécticos dotados o no de talento y los escolásticos devotos, en su calidad de maestros y dirigentes del pueblo, han enseñado, discutido, examinado e interpretado en relación con la

Biblia, en el curso de unos mil años, que corresponden en parte a la edad antigua y en parte al medioevo.

Imaginémonos una colección, anotada taquigráficamente, de sermones pronunciados en iglesias, de discursos dichos en instituciones de gobierno y en municipalidades, de sinopsis de conferencias dictadas en universidades a los que se hayan acoplado las preguntas formuladas por los alumnos, de aforismos de escritores y poetas, de pláticas religiosas y profanas, de sátiras y autocríticas, de reglas éticas, de dichos vulgares y hasta de expresiones e imágenes groseramente eróticas; todo eso recopilado textualmente en el espacio de mil años y codificado sin criterio selectivo (pues cada doctrina de la tradición es sagrada), sin clasificación ni orden, y tendremos una obra análoga al Talmud.

Así se explica que éste contenga el amor más sublime y el odio más profundo contra los romanos que aniquilaron la independencia de los judíos; escasas alusiones a Cristo y al cristianismo; sabios aforismos y necias supersticiones; amor al prójimo y hostilidad frente a los que han amargado la vida de los israelitas; una fe profunda a la par de creencias pueriles en demonios y brujos; (esto último no debe afligirnos; si la Iglesia, mil años después de la formación del Talmud, ha podido quemar en España, Italia y América a mucha gente por «practicar la hechicería», ¿quién se atreverá a reprocharnos *ahora* las inocentes creencias en brujos, duendes y espíritus de difuntos que el Talmud ha recogido desde el siglo III antes de J. C. hasta la quinta centuria de la era cristiana?... Nosotros jamás hemos inculpado a la Europa actual de las crueles y sangrientas supersticiones e injusticias que ha propagado en contra nuestra miles de años después de la redacción del Talmud. Lo malo es que ahora, en el siglo XX, se repiten en Alemania y en otros países esas arcaicas y bárbaras patrañas contra nosotros. Aquí ya no es cuestión de objetividad histórica, sino, simplemente, de maldad, de mentira, de bajeza).

De todo existe en el Talmud, porque nada de lo que ha producido el genio judío por espacio de un milenario ha sido excluído de él. En el mismo Talmud se dice: «Busca en él, hojéalo, porque todo está encerrado allí». Y es natural que conteniéndolo todo, encierre también alguna resaca. Sin embargo, el espíritu ético y la nobleza humana forman su base fundamental, la quintaesencia de su contenido, como lo reconocerá cualquiera que lo estudie sin prejuicios, sin odio, sino objetivamente, con comprensión para las dolorosas peripecias que ha soportado el pueblo perseguido que lo ha producido. Y a esto debiera agregarse un estudio comparativo entre el Talmud y las grandes obras escolásticas y teológicas de otros pueblos, paganos y cristianos, de aquella época, más o menos análogas al Talmud, y entonces sería posible juzgar si el espíritu creador judío ha sido más elevado y más noble que el de los pueblos circundantes que lo han subyugado.

Esto es lo que queremos, no más: ni odiar ni inventar falsedades, ni ensalzar hiperbólicamente, sino conocer, estudiar, investigar y comprender objetivamente el Talmud. Si el presente libro ha de contribuir al propósito de difundir la verdad sobre el Talmud y de despertar la curiosidad del lector razonable que desee ampliar sus conocimientos en esta materia, sobre la que se han escrito hasta ahora decenas de miles de libros, monografías, tratados y estudios, en pro y en contra, en lenguas antiguas y modernas, durante cerca de quince siglos, en ese caso, el traductor y el editor habrán realizado una obra loable y su compensación será una contribución al afianzamiento de la equidad y de la justicia. Y esto es, precisamente, lo que pedimos en lo tocante al Talmud: saber limpio, justicia y objetividad.

II

Y dijo Jehová a Moisés: «Anótate estas palabras». Este versículo alude a lo dicho por el profeta Oseas (8, 12): «Escribíle las grandezas de mi ley, y fueron tenidas por cosas ajenas». Cuando Dios, bendito sea Su nombre, se reveló en el Monte Sinaí para otorgar su Tora a Israel, transmitióla a Moisés en este orden: Biblia, Mischna,

Talmud y Hagada. Pues está dicho: «Y habló Dios todas estas palabras». (Exodo, XX, 1). Es decir, incluso todo lo que cualquier discípulo aplicado pudiere preguntar a sus maestros.

Dios, bendito sea Su nombre, díjole a Moisés en aquella hora, después de que él aprendiera la Ley de boca del Todopoderoso: «Enséñasela a Israel». Respondióle: «Señor del Universo: voy a escribirla». Contestóle: «No quiero dárselos por escrito, porque el porvenir me revela que las naciones del mundo dominarán sobre ellos y los despojarán de su Ley y serán humillados entre los pueblos. Por eso daréles la Biblia por escrito, pero la Mischna, el Talmud y la Hagada se los daré verbalmente. Y si las naciones del mundo llegaran a dominarlos, se diferenciarán de ellas por eso».

(MIDRASCH RABAH, *Exodo*, 47, 1. *Existen contextos análogos en otros Midraschim*).

No existe en la historia universal, en ninguna época, en ninguna nación, en ningún país, caso análogo de un pueblo que se haya identificado a tal grado con un libro que encarne el proceso de su producción espiritual a la par que jurídica, en un período de más de mil años, como es el caso del pueblo judío con respecto al Talmud. Y tampoco se encuentra en la historia de la humanidad otro libro, o una serie de libros, que siendo la obra de muchas generaciones y de miles de individuos, sabios e incultos, sagaces y lelos, talentosos y faltos de talento, se haya identificado a tal extremo con un pueblo, como es el caso del Talmud en relación con el pueblo judío.

Un mismo destino ha unido a ambos en forma tan estrecha que no ha sido posible hacer distingos entre uno y otro. Sufrir y soportar persecuciones, tal fué el destino histórico del pueblo judío, del pueblo que ha perdido su independencia, su territorio nacional, mucho tiempo antes de que existieran las naciones y los estados actuales, sin que por eso se haya diluído como grupo étnico dentro del mundo circundante.

Fué el destino el que ha identificado al pueblo con su grandiosa obra espiritual, el Talmud, de una manera tan estrecha, tan íntima, que los dos se han fusionado en algo orgánico, debido, en un principio, a causas históricas externas, independientes de los judíos mismos. Nuestro pueblo, que ha sido siempre un objeto pasivo de la historia creada por otros, antes que un sujeto activo de su propia historia, ha merecido ese destino en virtud de causas ajenas a su propia historia.

Habiendo perdido su independencia en la primera mitad del siglo I de la era común, el proceso de su labor espiritual, que se inició en la época remota de la prehistoria y que halló su expresión concreta en la Biblia, no se detuvo, pero perdió su apoyo político, su contenido estadual, viéndose obligado por ello a tornarse más abstracto, más dialéctico; desaparecido el territorio, hubo que crear, y fué creado, un sucedáneo suyo.

Los comienzos de la Ley Oral son, naturalmente, muy anteriores a la Ley escrita, fenómeno, por lo demás, común a toda cultura humana, y lo mismo ocurrió entre los judíos. Las leyes que regulan un régimen de vida son dictadas por las necesidades elementales de las relaciones humanas, son originadas por la vida misma y por los sentimientos de los hombres, y sólo más tarde vienen a ser canonizadas, reglamentadas, fijadas por las corporaciones debidamente autorizadas que disponen para ello de un poder social o estadual. Así ocurrió también entre los judíos. La Biblia fué una expresión de una gran parte de las leyes primitivas que predominaban en el pueblo desde los tiempos pretéritos. La vida ulterior de los israelitas, después de su regreso de la cautividad babilónica, en la Palestina sometida al dominio político de otras potencias, –Persia, Grecia, los seléucidas, Roma–, dió lugar a que nacieran nuevas necesidades, otras normas de cultura, formas sociales novedosas. Y este nuevo sistema de vida ha debido modificarse –como lo hizo– no sólo por influjo de causas internas, sino también, en cierta medida, como consecuencia de los continuos cambios políticos que se sucedían en Palestina, en aquella época, por obra del exterior, por los acontecimientos históricos, por el conflicto entre el imperialismo del Oriente y el imperialismo de Macedonia y de Roma.

Las nuevas necesidades de la vida, las influencias voluntarias o involuntarias de los sucesos y cambios políticos e históricos, el contacto con otros pueblos y culturas (que introdujo a veces señaladas orientaciones en el seno del judaísmo), originaron nuevas obligaciones, novedosas tendencias dentro del proceso de su labor espiritual. Algunas de ellas adoptaron el carácter de un amoldamiento y tomaron cuerpo mediante la intervención de las leyes sagradas de la Tora en el sentido de hacerlas más humanitarias, más concordes con las nuevas necesidades y exigencias de la vida; otras consistieron en judaizar las formas de cultura que venían desde afuera y que, por su esencia, podían ser asimiladas por el espíritu hebreo sin repugnancia. Al propio tiempo, empero, la espiritualidad judía combatió y rechazó todo aquello que no podía identificarse con ella, como ser: el paganismo helénico, el epicureísmo, la adjudicación de una forma determinada y de un contenido a la divinidad, cuando, según la religión judaica, ello había sucedido al revés: Dios ha creado al hombre conforme a la imagen *suya*.

El proceso de la producción espiritual entre los judíos, (la parte que halló expresión, a grandes rasgos, en una Ley Oral, en una ley de la vida, no canonizada), fué proseguido en forma verbal, paralelamente con la clausura de la Tora, y siguió asimismo más tarde, a través de las diversas vicisitudes y transformaciones porque pasara el pueblo, primero bajo los persas, luego bajo los macedonios, posteriormente bajo los seléucidas y los romanos, así como en el breve período, aparentemente brillante, de la dinastía asmonea, con todos los méritos y defectos de su gobierno, en el corto lapso en que Judea disfrutó de independencia.

Este proceso se orienta en una sola dirección, la cual, por ramificada que sea, se reduce a interpretar verbalmente la ley escrita en el sentido de ajustarla a las formas siempre cambiantes de la vida nacional, social y hasta individual y cotidiana, a amoldarla por medio de una exégesis de las Sagradas Escrituras mediante la infiltración, dentro de las viejas normas, de conceptos novedosos, de las imposiciones concretas de la vida nueva. Tal es el proceso denominado Ley Oral, que arranca de los días de Alejandro Magno y termina con la clausura del Talmud, en la quinta centuria de la era actual, en Siria, donde se habían radicado a la sazón los centros espirituales del judaísmo.

¿Clausura? ¿Había acabado realmente aquella obra? No. El Talmud, es verdad, quedó clausurado en aquel entonces, pero la Ley Oral, en la medida en que significa comentario y exégesis y, sobre todo, proceso de amoldamiento permanente de la vida espiritual y religiosa del judaísmo, fué proseguida, esta vez en forma escrita, por las generaciones ulteriores de sabios, en el transcurso de largas generaciones, durante toda la Edad Media, por los rabinos, los «seboraim», los gaonitas, y luego en España, adonde fuera trasladado el centro espiritual judío, en Provenza, en las comunidades del Rin, etc.

El Talmud fué clausurado efectivamente en el siglo v, en Babilonia, mas su grandiosa influencia sobre el judaísmo, su íntima identificación con éste, su fusión orgánica con el mismo se debe al hecho de que, después de su redacción definitiva, el proceso cultural que ha motivado su nacimiento ha sido prolongado ininterrumpidamente por los «seboraim», los gaonitas, los exegetas y casuístas hasta el advenimiento de la era moderna.

Este ha sido el poder del Talmud en el sentido amplio que doy a esta palabra: su continuidad desde los días en que se esbozó la Mischna hasta los últimos glosadores de la Ley Oral en los ghettos de Alemania y en las academias rabínicas de Polonia y Lituania. Es la evolución del pueblo judío, sin interrupción, a través de la era histórica, que ha sido la era de su lucha por su existencia espiritual. Es el proceso evolutivo que se ha realizado gracias a la línea de conducta que los primeros tanaítas fijaron como base de la esencia del judaísmo: no interrumpir la continuidad, no desligarse del pasado, de lo santificado por el pueblo, sino amoldar las nuevas exigencias, las necesidades reales, el imperativo de la sociedad y de la vida, a los valores antiguos y consagrados, interpretando para ello la Tora en forma tal que lo nuevo pueda ser comprendido a la luz y de conformidad con el espíritu de lo tradicional.

La evolución del judaísmo dentro del proceso de su producción espiritual, en forma no interrumpida, en el curso de miles de años, he ahí el resultado de la Ley Oral en el sentido amplio del vocablo «Talmud». Esto fué lo que le ha infundido al judaísmo fuerzas para subsistir hasta el día de hoy. Gracias a esta particularidad suya, el judaísmo ha persistido sin desgarrarse, como cuerpo nacional, desde los tiempos de la Serpiente Primitiva (unos quince siglos antes de la era cristiana) hasta los días de Hitler, y seguirá subsistiendo en lo sucesivo.

Tal es el significado del Talmud en la acepción amplia, histórico-nacional, del vocablo; no en el sentido de una colección determinada de libros de mérito literario, cultural e histórico más o menos grande, sino en el sentido de un vasto y continuo proceso de la evolución espiritual del pueblo judío, el cual, desprovisto de territorio, pelea a través de épocas y pueblos por su existencia nacional y cultural.

Las etapas más visibles de este proceso son, a grandes rasgos, las siguientes:

La *Biblia* o Ley Escrita o Tora.

La *Mischna,* interpretación de la Biblia, destinada a amoldarla a las nuevas circunstancias de la vida, y que ha canonizado, por escrito, la Ley Oral de los tanaítas, hasta la primera generación inmediata a la destrucción del Templo.

La *Guemara* (Talmud en el sentido restringido de la palabra), que es un desarrollo ulterior de la misma línea de interpretación y una exégesis y comentario de la Mischna. Comprende dos grandes versiones, la de Jerusalén y la de Babilonia, con las enseñanzas y comentarios de todos los «amoraim» (intérpretes), la serie de sabios que comienza en Aba Arica, medio «tanaíta» él mismo, discípulo de Rabí Judá el Príncipe (el ordenador y codificador de la Mischna), hasta el último «amorai» que clausuró la Guemara en el siglo v.

Los *Seboraim y Gaonitas*, que prosiguen el proceso de esta obra espiritual por medio de nuevas «seboras» (hipótesis) e interpretaciones, siempre en la misma línea de interpretar los viejos valores sagrados de tal modo que sean aplicables a las modificadas condiciones de la vida.

Los *Mefarschim* o intérpretes sucesivos de España, Provenza y el Rin, entre ellos: Raschi, Tosefot, Alfas, Rambam, Rasch, Raschba, Ralbag y los comentaristas posteriores.

Todo eso representa la Ley Oral, continuada en forma escrita como proceso interminable de una labor religioso-espiritual de nuestro pueblo en el transcurso de generaciones y épocas, desde su regreso de la cautividad de Babilonia a Palestina, hasta la iniciación de la edad contemporánea en la historia universal. Ese es el territorio espiritual que el pueblo se ha formado de una manera permanente, después de haber perdido su territorio concreto.

Ningún pueblo ha pasado por semejante proceso espiritual, por cuanto ninguno ha realizado un proceso político e histórico igual al de los judíos, cual es el de vivir miles de años sin un territorio y sin contar con un poder político.

El único pueblo que ha llevado una vida distinta a la de las demás naciones, por ser diferente su destino histórico, ha sido el pueblo judío; de ahí que el proceso de su labor espiritual se haya desenvuelto también en forma diferente al de los pueblos restantes. Estos no necesitaban de un territorio espiritual, porque disponían de un suelo palpable para su existencia política y para la dirección de su cultura. No así los judíos. Por ello el proceso de su vida nacional se ha desenvuelto dentro de los límites de un territorio religioso, por así decirlo: vivían con el pasado y durante muchas generaciones la base de su vida ha sido enteramente religiosa, digo: nacional-religiosa. Y esa base la ha creado el pueblo judío instintivamente, por medio del proceso denominado Ley Oral, cuya tendencia ha sido siempre apoyarse en lo antiguo, en lo histórico-tradicional, con el fin de infiltrar dentro de las enseñanzas de los antepasados los valores nuevos que la vida producía en su eterna marcha y en su constante proceso de renovación.

Al tiempo que Roma destruía la unidad política de Judea, el instinto aconsejaba a los tanaítas lo que debían hacer para subsistir; el instinto nacional de la vida les dictó que la Ley Oral —el Talmud en el sentido amplio de la palabra— podría ser el poder que conservara la existencia del pueblo judío, sin interrupción de su continuidad nacional, dentro de las vastas normas espirituales y religiosas de la vida.

¿De qué manera?

Porque gracias al proceso de la Ley Oral, el credo bíblico llegó a convertirse en la religión nacional del pueblo judío. Esto ocurrió poco a poco, gradualmente, fué un proceso de generaciones y siglos. A través del Talmud se ha elaborado una cultura nacional religiosa, por así decirlo, que transformó al vetusto Dios hebreo, Jehová, Dios del desierto en un principio y más tarde Dios de los profetas, iracundo a la par que misericordioso, en un Dios del pueblo judío en el cautiverio, en una «schejina», en una divinidad en reposo, que anda vagando junto con los israelitas errantes y perseguidos a través de la diáspora, un Dios que llora el destino de su pueblo, y que, lo mismo que los judíos, se levanta a media noche para gemir por las penurias de su pueblo y por el derrumbe de su país. Por medio del proceso evolutivo que halló su expresión en la Ley Oral, en el Talmud, tomado en su acepción amplia, el Dios iracundo de Israel transformóse en un numen misericordioso del pueblo cautivo. Y esto ocurrió principalmente después de que el cristianismo, nacido del judaísmo, empezara a diferenciarse nítidamente de aquél en virtud del poder político que iba adquiriendo.

Para los que están acostumbrados a considerar que el Talmud es el libro conservador del antiguo sistema de vida religiosa judía, sonará como una paradoja mi afirmación de que aquél ha sido el instrumento de la evolución espiritual permanente dentro del judaísmo. Sobre todo le parecerá eso al lector culto no judío, falto de material informativo y, por consiguiente, huérfano de un concepto amplio sobre la marcha de la historia judía, sobre el desarrollo histórico del judaísmo, en todas las épocas y en medio de los demás pueblos.

Sin embargo, eso es así. Ese es el sentido verdadero, la honda significación histórica del Talmud, en el sentido amplio del concepto, que lo identifica con el proceso de la producción espiritual-religiosa, nacional-religiosa y cultural-nacional del judaísmo. Gracias a este proceso hízose posible la continuidad del pueblo judío, a través de todas sus transformaciones espirituales, físicas, políticas e históricas, así como a través de las peregrinaciones geográficas que ha efectuado desde Esdras hasta nuestros días.

Y así se explica que los judíos se hayan sacrificado tanto por el Talmud durante la Edad Media y en pleno siglo XVII; entonces la mayoría de las leyes talmúdicas ya no tenían aplicación práctica y sin embargo los israelitas ofrecían su vida en aras del Talmud; la incineración de éste, cualquiera que fuese el lugar en que se efectuara, ya en la Roma papal, ya en España, ya en Alemania, ya en Polonia, constituía un motivo de duelo para el judaísmo del orbe entero.

El instinto del pueblo le decía que con la tentativa de arrancarlo del lado del Talmud, o sea, del proceso de su vida espiritual-religiosa y nacional, se cometía un atentado contra su existencia de pueblo desprovisto de una base territorial. Enseñábale su instinto que con la quemazón del Talmud no se perseguía tanto el libro, ni las leyes en él contenidas, gran parte de las cuales, de todas maneras, ya no tenían aplicación alguna en la vida; que no eran las enseñanzas y doctrinas que predica el Talmud lo que se perseguía, sino que se trataba de destruir la fuerza de su continuidad nacional permanente, la misma que el pueblo judío había logrado por medio del continuo proceso espiritual creativo que está encarnado por la Ley Oral.

Y esto explica también que todas las corrientes que surgieron en el seno del judaísmo, en diversas épocas y en distintas circunstancias, en contra de la Ley Oral, en contra del Talmud y su escuela, en contra de la hegemonía, por así decirlo, del espíritu talmúdico, hayan fracasado, se hayan diluído sin hacer mella; los saduceos, los esenios, más tarde los caraítas, la Cábala, tomada en su esencia, los frankistas, etc., nada ha quedado de todos esos movimientos antitalmúdicos, porque el instinto sano del pueblo desechó y liquidó rápidamente esos procesos, por dañinos para la subsistencia del judaísmo.

Voy a resumir lo expuesto más arriba:

1) — En el concepto «Talmud» se deben incluir no sólo los libros que forman la Mischna y la Guemara, sino todo el proceso de la evolu-

ción espiritual del pueblo judío que se designa formalmente como Ley Oral, empezando con los tiempos prehistóricos y terminando con la era moderna.

2) — Bajo el concepto de «Talmud» deben entenderse las maneras de interpretar el antiguo régimen de vida y las leyes consignadas en la Biblia, así como el amoldamiento de éstas a las nuevas condiciones de la vida, que cambian permanentemente y se modifican sin cesar para todos los pueblos y más para el pueblo judío, en su calidad de nación errante y perseguida, carente de territorio y de un centro político.

3) — Esta interpretación de la Biblia, eterna e infinita, que deben efectuar los sabios y jefes devotos del pueblo y que éste tiene que venerar cual si Moisés la hubiese recibido en el Sinaí directamente de Jehová, constituye la quintaesencia del Talmud, conforme lo señala el aforismo talmúdico: «Dios ha enseñado a Moisés en el Sinaí, anticipadamente, toda innovación que cualquier sabio judío pudiese introducir en el curso de las generaciones sucesivas».

4) — Esta interpretación que los tanaítas, amoraim, seboraim y gaonitas —toda esa pléyade de productores intelectuales que abarca varios siglos— han fijado como base de la vida de las masas israelitas en sus respectivos tiempos, ha ido transformando gradualmente a la religión hebrea en una concepción del mundo nacional, convirtiendo al propio Dios en una cuestión nacional, en una especie de numen del pueblo judío, en una parte del genio creador de la nación judaica.

5) — En tanto que a los demás pueblos la religión les vino desde afuera y no ha tenido nada que ver o bien ha tenido una relación muy escasa con su genio creador íntimo, entre los judíos, en cambio, la religión ha venido desde adentro, como una creación nacional, como un sustituto del territorio y del estado que habían perdido. Y esto, que ha ocurrido después de un larguísimo proceso evolutivo, se debe al Talmud, en el sentido histórico de este concepto, es decir, como proceso espiritual y no únicamente como conjunto de los seis órdenes de la Mischna y de la Guemara.

6) — No porque los judíos hayan cumplido o cumplan (hoy en día son muy escasos los que lo hacen) las leyes y prescripciones del Talmud ha sido y sigue siendo éste tan querido para ellos, al punto de dejarse sacrificar por él, sino que lo hacían por disponerlo así el instinto de su vida nacional; porque dábanse cuenta con su instinto nacional que no habrían subsistido como pueblo si no hubiesen poseído el Talmud, es decir, el régimen de vida conservador, dotado, empero, de esas interpretaciones constantes que infunden un poder de santidad a los nuevos valores que se incorporan a la esencia de los valores antiguos y a los cánones de la Biblia.

JOSE MENDELSON

Buenos Aires, octubre de 1937.

ADVERTENCIA PRELIMINAR

Antes de abordar el estudio del Talmud, conviene tener en cuenta las observaciones que siguen:

1) No es el Talmud *una sola obra,* compuesta por *un solo* autor y que trate de *un solo* asunto, sino que es una recopilación de *muchas* obras, escritas por *gran número de personas* y se ocupa de *múltiples* y variados asuntos; por lo tanto, no hay que buscar allí homogeneidad.

2) Todos esos autores no han vivido en una misma época, ni en iguales circunstancias; esas obras han sido escritas en el transcurso de varias centurias, bajo la influencia de distintas condiciones políticas y sociales. Así, por ejemplo, algunas fueron compuestas bajo el dominio de los griegos; otras, en la época en que el pueblo judío gozaba aún de cierta autonomía política; unas bajo el yugo oprimente de los romanos y otras como polémica contra la nueva secta judía, los cristianos; unas fueron redactadas durante el terrible descalabro que amenazaba destruir por completo al pueblo judío y otras, en cambio, surgieron después de aquel cataclismo, al iniciar el pueblo judío su cautiverio en medio de las demás naciones. Es evidente que todos esos cambios han influído de diversa manera en el ánimo de los autores, incluso sobre los que pertenecían a una misma generación,

quienes, naturalmente, han expresado esas sensaciones en la forma más variada.

3) El lenguaje del Talmud no es el mismo en todas sus partes; una sección, la más importante, la Mischna, está escrita en un hebreo más o menos puro, en tanto que la Guemara, o comentario de la Mischna, está redactada en arameo-caldeo, lengua vernácula de la masa popular judía. Numerosos modismos de aquella lengua no son suficientemente claros para nosotros y por eso nos resultan incomprensibles muchas expresiones y máximas talmúdicas.

4) En aquella época remota, la religión no era simplemente una parte de la vida social, sino que estaba orgánicamente fusionada con ésta, a tal punto que no era posible separar una de la otra. Toda la vida social, todas las leyes civiles posibles, las que tratan de las relaciones entre el hombre y su prójimo, o de causas criminales o comerciales, o de las relaciones entre el hombre y la mujer, de sus obligaciones para con ella y sus hijos, o de los deberes de la mujer para con su esposo, etc., todo eso ha recibido un tinte religioso, aun cuando nada tenía que ver en el fondo con la religión.

5) El Talmud, producto de aquella época, tiene también, por lo tanto, el mismo carácter, aun cuando en realidad se ocupa relativamente más de asuntos temporales, de la vida social en general, que de cuestiones religiosas. El Talmud es ante todo un código práctico y árido que trata de todos los casos posibles e imposibles de la Ley, en todas sus ramificaciones, y no se dedica a problemas especulativos, puramente filosóficos o religiosos. Es de hacer notar que en toda la Mischna, la parte más importante

del Talmud, como ya queda dicho, no se encuentra nada acerca de esos problemas. Por el contrario, la Mischna prohibe ocuparse de dichas cuestiones y establece que de los asuntos que se relacionan con la manera cómo ha sido creado el mundo nadie debe ocuparse con su prójimo y de los asuntos que se refieren a la esencia misma de Dios, tampoco puede ocuparse nadie a solas. ("Ein dorschin bemaase bereschit bischnaim veló bemarkavo beiajid"). Algo de esto se encuentra en la Hagada, que el compilador de la Mischna, Rabí Judá el Santo, excluyó totalmente al componer su obra, la cual sólo se ocupa de la ley. Y esto nos lleva a otro punto esencial.

6) Además de las "halajas" o cuestiones atingentes a la Ley, figura también en el Talmud (en la Guemara, no en la Mischna) una sección de "hagadas" o leyendas. Trátase de diferentes historietas populares, productos de la poesía popular; trozos sueltos de historia, tal cual los sucesos se han reflejado en el alma y en la fantasía del pueblo; máximas, epigramas y aforismos escritos por distintos sabios en diversas épocas y que contienen alguna moraleja o enseñanza ética o estética; elegías sobre la destrucción de la raza y esperanzas sobrenaturales y fantásticas en el porvenir dichoso del escogido pueblo de Israel. En uno u otro sitio se encuentran también breves consideraciones sobre asuntos especulativos, como ser la actitud de Dios ante el hombre, la naturaleza de Dios, la cuestión del conocimiento y del libre albedrío, el castigo y la recompensa, la vida de ultratumba, la resurrección, el Mesías, etc. En ese tesoro de la poesía popular se mezclan asimismo muchas historias necias y groseras sobre duendes, espíritus y brujos, así como otras supersticiones, hipérboles fantásticas, floreos

exagerados, sermones absurdos y hasta pornografía. Pero la culpa de todo eso les incumbe más bien a los compiladores del Talmud.

7) Los últimos compiladores del Talmud, Rabina y Rab Aschi, comprendieron su grandiosa tarea histórica en forma distinta que nosotros, hoy en día. Su criterio sobre el Talmud era ortodoxo-religioso. El hondo respeto que sentían por los antiguos, la santidad con que consideraban cada folio, cada palabra anotada por sus antecesores, hizo que incluyeran en el Talmud todo lo que encontraron, cosas que otros, redactores más hábiles que ellos, habrían excluído. Su amor a los viejos folios motivò también que los demás, a su vez, incluyeran nuevamente en el Talmud todas las "Biriatoth" que el compilador mucho más hábil, Rabí Judá el Santo, había omitido en su Mischna. Al proceder en esta forma, destruyeron la intención de aquél de ofrecer al pueblo judío una "Mischna berura", una legislación clara. Culpa de los compiladores es también que los tópicos estén mezclados en desorden, mejor dicho, en su orden oriental de antaño.

Capítulo I

LEY ORAL Y LEY ESCRITA

Llámase Ley Oral a la legislación que se transmite de boca en boca, sin ser anotada. Bajo este nombre se incluyen todas aquellas leyes y costumbres, ordenanzas y decretos que han sido admitidos por el pueblo judío, pero que no figuran en la Ley de Moisés, llamada Ley Escrita.

Este nombre se le aplica por dos razones: primero, porque los sabios judíos creían efectivamente que, junto con la Ley escrita, había recibido también Moisés, en el Monte Sinaí, ciertas leyes, no escritas, que tenían por finalidad complementar y hacer cumplir las primeras; y segundo, porque, en tanto que la Ley escrita ha sido anotada para siempre, para todas las generaciones, sin que pueda ser alterada jamás, las leyes verbales, en cambio, tienen un carácter transitorio y son susceptibles de ser cambiadas. Y justamente porque la Ley Oral tiene una significación pasajera, no puede ser anotada, pues para no perpetuarse debe subsistir en forma verbal.

¿De dónde procede, entre los judíos, la creencia en una Ley Oral? ¿Es infundada esta creencia o hay en ella algún grano de verdad? Y de haberlo, ¿en qué consiste? La pregunta debe ser entendida en su justo alcance: la cuestión no está en saber si

Moisés ha recibido efectivamente en el Monte Sinaí, a la par de la Ley escrita, otra oral. El problema debe plantearse así: ¿Han poseído los judíos una Ley Oral juntamente con la Ley escrita, y hasta antes de ésta, o bien todo no pasa de ser una historia inventada por ciertos "embaucadores del pueblo", como se complacen en afirmarlo nuestros "librepensadores"?

Si abordamos este problema en forma seria e imparcial, llegaremos ineludiblemente a la conclusión de que ha existido realmente una Ley Oral, en parte antes todavía que la Ley escrita.

En la evolución de la sociedad humana la ley escrita constituye relativamente un fenómeno ulterior. La sociedad primitiva no tenía leyes escritas. Todas las relaciones entre sus miembros estaban reguladas y regidas principalmente por tradiciones, costumbres y conceptos que heredaban de sus antepasados. Verdad es que el jefe de la familia disponía de la vida y muerte de todos los miembros de la misma y su palabra y su voluntad eran la última instancia, pero él mismo estaba influído en su conducta, en sus decisiones, y en su voluntad, por la conducta de sus difuntos antepasados. Tales fueron los primeros síntomas de la ley, de la ley no escrita, en la sociedad humana.

Estas leyes no escritas eran igualmente obligatorias para todos los miembros de la tribu o familia, ya que todos ellos descendían de los mismos antepasados. No hay que olvidar, además, que el hombre primitivo consideraba a sus antepasados con temor y respeto religiosos. Esto explica el raro fenómeno de que en aquel estado de la evolución societaria todas las leyes, incluso las que no tenían la más mínima relación con la religión, como ser las leyes civiles y criminales, fueran consideradas como de origen divino y recibieran un tinte religioso. Los antepasados difuntos se transformaban en dioses o, cuando menos, tenían algo de divinos; de ahí que sus costumbres fueran también divinas. (Spencer: *Principios de sociología*).

Más tarde, cuando el organismo social creció y se tornó más complicado, cuando las relaciones en la sociedad se hicieron más complejas, cuando la familia se convirtió en tribu y la tribu en pueblo, cuando se modificó el sistema de adquisición de los medios de subsistencia, cuando el cazador se transformó en pastor, el pastor en agricultor y así sucesivamente, entonces nacieron, conforme a las nuevas condiciones y modalidades de la vida, nuevos conceptos sobre el derecho, sobre la justicia, sobre la propiedad, nuevas leyes no-escritas que se amoldaban mejor a las condiciones novedosas.

Empero, en el fondo, estas costumbres no eran nuevas. Eran más bien modificaciones de las antiguas; se basaban, por así decirlo, en los fundamentos antiguos, en el espíritu del pueblo respectivo. Con la introducción de las nuevas costumbres en la vida, las antiguas no quedaban de ninguna manera abolidas del todo; ellas continuaban desempeñando un papel de importancia en la vida social. Transcurriría mucho tiempo antes de que estas costumbres anticuadas quedaran enteramente suprimidas. En realidad, seguían subsistiendo también después; sólo perdían su significación e intención originarias, recibiendo otras nuevas.

Y en este orden seguían las cosas. Era una sola cadena de evolución, cada anillo estaba unido al otro, hasta que llegaba un momento en que una parte de estas costumbres y leyes tradicionales empezaba a ser anotada. Entonces fué cuando recibimos por vez primera una legislación escrita. Pero la parte no anotada de aquellas costumbres siguió subsistiendo en la vida social y tuvo, con frecuencia, más importancia que las leyes escritas.

La consecuencia de lo dicho es que en la evolución de la ley en la sociedad humana viene ante todo la ley oral: la ley escrita es un fenómeno posterior.

Es evidente que cuando el legislador formula sus leyes se encuentra siempre bajo la influencia de la Ley Oral, de las costumbres y tradiciones del pueblo para el cual establece su Ley escrita, aunque más no fuese porque él mismo es hijo de su tiempo y de su pueblo. Es también igualmente evidente que cuando formula sus leyes, las redacta en forma general, puesto que los detalles son bien conocidos en su época por el pueblo. En algunos casos confirma aquellas costumbres; en otras entra en compromisos con la tradición admitida por el público. En todos los casos, empero, debe tener en vista la Ley oral de su pueblo.

Lo mismo ocurrió con las tribus semitas de las cuales salió más tarde el pueblo judío. Muchísimo tiempo antes de que fuese escrita la legislación que conocemos con el nombre de "Ley de Moisés", muchísimos años antes poseían ya los judíos una Ley oral a la que amoldaban su vida social. Aquí no es cuestión acerca de cuándo ha sido escrita o redactada la Ley de Moisés, ni acerca de quién la ha escrito o redactado; esto nada tiene que ver con nuestro asunto. Lo importante es el hecho de que la Ley de Moisés ha sido escrita teniendo en cuenta la Ley oral del pueblo judío. Por eso, en algunos casos la Ley mosaica entra en compromisos con aquella Ley oral; en otros la combate o la corrobora.

Vamos a ilustrarlo con algunos ejemplos:

El precepto de la circuncisión, o sea el mandamiento de que todo varón sea circuncidado al octavo día, uno de los preceptos más importantes, regía entre los hebreos mucho tiempo antes del otorgamiento de la Ley de Moisés. Esta sólo confirmó el precepto, refiriendo que había sido impuesto por primera vez a Abraham, padre originario del pueblo hebreo.

La ley sobre el levirato, es decir, que si alguien moría sin dejar hijos su hermano debía casarse con la viuda, a fin de perpetuar así el nombre del difunto, era una costumbre de las tribus hebraicas desde épocas muy remotas, según se desprende de la historia del hijo de Judá. Esta costumbre fué algo modificada por la Ley mosaica. Según ésta, la obligación regía únicamente para el hermano carnal, mientras que, según la costumbre arcaica, la misma obligación recaía también sobre los parientes lejanos de la familia, en el caso en que los más allegados se negaban a hacerlo, conforme puede inferirse de la historia de Ruth y Booz.

La costumbre de no comer del tendón de la parte cóncava de las caderas (de donde, más tarde, cuando no se supo exactamente lo que significaba la expresión "tendón de las caderas", surgió entre los judíos la costumbre de no comer la parte trasera del cuerpo de la res), existía mucho antes de que fuese escrita la Ley mosaica. El redactor de esta Ley sólo refiere cómo nació la prohibición y termina su relato con las palabras: "Por eso los hijos de Israel no comen del tendón de la cadera".

La costumbre del divorcio se practicaba entre el pueblo judío antes de la Ley de Moisés, como se desprende del lenguaje de la Tora sobre este particular. La Tora no establece que se puede divorciar a la mujer, pues esto es cosa prohibida. Sólo expresa que si alguien divorcia su mujer y ésta llega a contraer nupcias con otro, el primer esposo no puede volver a casarse con ella. Esto último, es decir, la prohibición de volver a casarse con la misma mujer, es lo único que añade la Ley de Moisés. Semejantes leyes, de las que se desprende que el redactor de la Tora se basaba en costumbres generalmente conocidas y admitidas por el pueblo, pueden ser citadas por decenas.

Los ejemplos arriba dados constituyen casos en que la Ley de Moisés confirma costumbres añejas, introduciendo en algunas de ellas ciertas modificaciones leves. Así, verbigracia, ocurre con la ley que reza: "De mi altar lo quitarás para que muera". Esto significaba que si alguien cometía un homicidio con premeditación y se amparaba en el altar, debía ser sacado de allí para ser ejecutado. La intención de esta ley era combatir una antigua tradición. Es sabido que entre los pueblos semitas de la antigüedad existía la costumbre de que un delincuente, aunque fuese un homicida, podía salvarse refugiándose en el templo, en la casa de Dios. Con eso entraba en la jurisdicción del Señor y la autoridad temporal carecía de poder sobre él. (Robertson Smith: *Las religiones de los semitas*). También entre los hebreos se practicaba esta costumbre. En el libro de los Reyes, I, 1, 3, se refiere un caso de esta naturaleza. Después de que Salomón hubo salido vencedor en su lucha con su hermano Adonía a raíz de la ocupación del trono, este último, por temor a Salomón, huyó "y cogió los cornijales del altar". De allí no podía sacarlo por la fuerza ni el propio rey. Contra esta costumbre alzóse la Ley de Moisés, proclamando: "De mi altar lo sacarás para que muera".

En algunos casos, por el contrario, la Tora parece entrar en compromisos con la tradición corriente, como, por ejemplo, en la cuestión de las ciudades de refugio. Según la Ley de Moisés, el individuo que hubiese matado a otro con alevosía, debía ser muerto; mas, si el homicidio hubiese sido cometido involuntariamente, el autor podía huir a las "ciudades de refugio" designadas al efecto, donde no podía ser perseguido por los "redentores de la sangre". Aquí vemos que el matador involuntario es declarado inocente, en principio, y no puede ampararse contra la ira de los "redentores de la sangre" sino huyendo a las "ciudades de refugio". Esto constituía un compromiso con los puntos de vista de la época. En aquel entonces, en efecto, la redención de la sangre desempeñaba un papel importantísimo entre todos los pueblos antiguos. Los parientes del asesinado tenían una especie de obligación sagrada de "redimir" la sangre derramada; considerábase una vergüenza para toda la familia del asesinado si ella no vengaba su sangre. Suprimir del todo la tradición de la "redención de la sangre" era algo que la Ley de Moisés, por lo visto, no pudo consentir, y tuvo que contentarse con crear las ciudades de refugio.

Podrían mencionarse otros ejemplos análogos, pero con los citados basta para demostrar que entre los hebreos existía una Ley oral mucho tiempo antes de que fuese escrita la Ley de Moisés y que esa Ley oral sirvió de base a la Ley escrita. Confiando en la Ley oral, en la tradición, el redactor de la Ley escrita omitió numerosos detalles, que eran entonces voz corriente en el pueblo.

Así, por ejemplo, está escrito: "Y serán vendales ("totefeth") entre tus ojos". ¿Qué quiere decir "totefeth"? Es evidente que la gente de la época conocía el significado de ese vocablo, y por ello el redactor de la Tora no tenía para qué explicarlo. Más adelante, empero, ya no se supo lo que significaba esa palabra, por lo que la tradición afirma que con ella se alude a las filacterias.

Otro caso. En la Tora se dice: "Y harán franjas en los extremos de sus vestiduras". ¿Qué son franjas? ¿Cómo debían ser hechas? ¿Y en qué cantidad? Es evidente que las personas para las cuales fué escrita la Tora lo sabían perfectamente. Más tarde hubo necesidad de la tradición para aclarar y fijar estas cuestiones. Por eso afirma el Talmud que en el precepto de las franjas lo esencial proviene de la Tora, y los pormenores de los rabinos.

Otro ejemplo. La Tora manda: "Y tomaréis el primer día (de la fiesta de las Cabañas) gajos con fruto de árbol hermoso". ¿Qué significa fruto de árbol hermoso? ¿Será una manzana o cualquiera otra fruta? También en este caso los hombres de la época en que fué redactada la Tora sabían seguramente lo que se ordenaba con esa expresión. Más tarde vino la tradición y estableció que con eso se aludía a la cidra.

*

La Tora, una vez anotada, empezó inmediatamente a ser considerada como sagrada. En torno a ella comenzaron a bordarse antiguas leyendas de los tiempos en que el pueblo se encontraba todavía en un estado nómade. La Tora había sido otorgada por el mismo Dios a Moisés, legendario héroe popular, en el Monte Sinaí, colina del desierto que ya era sagrada en la época en que los hebreos beduínos vagaban por aquellas regiones.

La Tora es sagrada, divina; no se puede añadirle nada ni quitarle nada. Es divina y, por consiguiente, jamás puede ser alterada. Debe ser buena para todos los tiempos, para todas las generaciones. Es, para decirlo en términos modernos, una Constitución eterna, vigente para siempre.

La vida, empero, sigue su marcha. Derriba lo antiguo y construye lo nuevo. Surgen nuevas condiciones, nuevos métodos de vida, que requieren nuevas leyes, nuevas costumbres y ordenanzas. Prodúcese una lucha entre la Tora y la vida, entre la viaja Constitución y las nuevas necesidades. En este conflicto entre la vida y la Tora, entre la letra muerta y la vida siempre cambiante, surgió una nueva Ley oral, nacieron nuevas leyes verbales, no anotadas, las que, es verdad, carecían de la santidad de las leyes escritas, pero, sin embargo, han desempeñado en la vida un papel preponderante.

Esta "Ley oral" ya no es aquella Ley oral de que habláramos antes y que rigió antiguamente en el pueblo y sirvió luego como base para la Ley escrita. Se trata de una nueva Ley oral, que nació después de que fuese redactada la Tora.

En un principio, cuando el temor a la palabra escrita no era todavía tan grande, los juristas y sabios de aquella época no se empeñaron en introducir sutilmente sus nuevas disposiciones dentro de las palabras de la Ley escrita. Trabajaban con más o menos independencia; implantaron leyes que se amoldaban a su tiempo y siempre que eso hacía falta ponían sus ordenanzas por encima de las de la Tora. Basábanse para esto en la autoridad que les confería la misma Tora cuando dispone: "Según la ley que ellos (los jueces de la época) te enseñaren y según el juicio que te dijeren, harás". (*Deuteronomio,* XVII, 11).

Esta parte de la Ley oral es conocida en Josefo y en el Talmud con los nombres de "Tora de los Ancianos", "Enseñanzas de los Escribas" y "Ordenanzas de los Rabinos", a fin de diferenciarla de la Ley de Moisés.

En otros capítulos nos tocará hablar más detalladamente de esta importante parte de la Ley oral. Por ahora sólo diremos que las nuevas leyes provocaron inmediatamente una tormenta de protestas. Sostenían los adversarios de estas ordenanzas que ellas iban en contra de la intención de la Ley mosaica y que era indispensable ajustarse firmemente a las leyes escritas; querían atenerse al texto de la Constitución. Estos adversarios eran los saduceos.

Para librarse de este reproche, el bando opuesto trató de demostrar que las nuevas disposiciones estaban implícitamente contenidas en las palabras mismas de la Ley de Moisés. No porque creyeran efectivamente que la intención del versículo, su sentido literal, era ese, sino porque las nuevas leyes y disposiciones eran indispensables para su tiempo. El texto de la ley escrita, el versículo, sólo era un pretexto, un "asmajto bealmo" (un apoyo general), según se expresa el mismo Talmud. Valiéndose de todos los métodos posibles y hasta imposibles trataban de introducir, a base de argucias, sus leyes nuevas dentro del texto de las antiguas.

Pero si en un principio eso constituyó un arma necesaria en manos de los elementos más progresistas en su lucha contra los saduceos reaccionarios, esta arma llegó luego a ser utilizada arbitrariamente. Era una espada de doble filo. Con el tiempo nació la creencia de que las nuevas leyes y ordenanzas están realmente contenidas, implícitamente, en la Tora, de manera que el primitivo medio habíase trocado efectivamente en un fin. Comenzó entonces la tarea de sutilizar y de profundizar las palabras de la Tora, de ahondar los versículos, con el fin de encontrar en ellos nuevas intenciones y frecuentemente esto llegó a ser un simple pasatiempo, un vano ejercicio casuístico.

*

Como acabamos de verlo, toda la Ley oral puede ser clasificada en tres períodos:

1º — La Ley oral "natural", anterior a la redacción de la Ley escrita.

2º — La "Tora de los Ancianos", "Enseñanzas de los Escribas", "Ordenanzas de los Rabinos", que se distinguió por su independencia y perduró más de dos siglos.

3º — El extenso período que comienza un par de centurias antes de la era común y continúa hasta la redacción definitiva del Talmud bajo la dirección de Rabina y Rab Aschi. Este período, naturalmente desigual en todos los tiempos, se caracteriza por la tendencia de encajar nuevas leyes dentro de las palabras de la antigua ley mosaica.

Capítulo II

ESDRAS Y LA GRAN ASAMBLEA

Entre las personalidades más o menos eminentes que retornaron a Palestina ocupa Esdras, conocido con el apodo de el Escriba, sin duda alguna el lugar principal, la cabecera. El y sus compañeros fueron los que echaron los cimientos del edificio del judaísmo histórico, de ese judaísmo que siguió desenvolviéndose en el curso de largas generaciones y que subsiste hasta hoy en día, pese a las persecuciones y vejaciones que el pueblo judío ha soportado. Una de sus grandes obras fué la creación de esa notable entidad conocida bajo el nombre de "Los Hombres de la Gran Asamblea". Esta corporación infiltró nueva sangre al judaísmo, cubrió de carne e infundió un alma a los huesos resecados que el profeta Ezequiel viera en el valle. Fueron Esdras y sus compañeros y más tarde los Hombres de la Gran Asamblea quienes, conforme lo apunta alegóricamente el Talmud, "degollaron el espíritu maligno de la idolatría"; fueron ellos los que extirparon en el pueblo judío, de una vez por todas, a los dioses extraños. A partir de entonces ya no se observan en la historia judía casos en que el pueblo sirva a dioses extraños, como había ocurrido con tanta frecuencia en la época del primer Templo. Fueron ellos, los Hombres de la Gran

Asamblea, los que, al decir del Talmud, "robustecieron, mejoraron y perfeccionaron la Tora".

La situación política de los judíos que acababan de retornar del cautiverio era bien triste, y no menos deplorable era también su situación económica. Los persas "magnánimos" que, después de su victoria sobre Babilonia, habían autorizado a los israelitas a regresar a la tierra de sus antepasados, no les confirieron, en cambio, ninguna autonomía política. Palestina se convirtió en una provincia persa, en lugar de ser, como antes, una provincia babilónica. Los judíos se vieron obligados a pagar fuertes tributos a los persas, lo cual los empobreció del todo. Lo único que obtuvieron de los persas fué la libertad religiosa, la libertad de conciencia. Lograron asimismo, gracias a influyentes gestiones, el permiso para reedificar el Templo y en los años de "schmita" (descanso de la tierra) se les eximía de la contribución en cereales; pero esto no fué de ninguna manera una merced para los hebreos; idéntica autorización obtuvieron todos los pueblos vencidos. Así, por ejemplo, se permitió a los cuseos o samaritanos edificar su templo sobre el monte Gerizim.

En todo lo demás los hebreos siguieron siendo los mismos esclavos que antes de la "liberación". ¡Cuán triste y descorazonadora resultaba la queja de los levitas que habían vuelto de la cautividad! "He aquí que hoy somos siervos, henos aquí, siervos en la tierra que diste a nuestros padres para que comiesen su fruto y su bien. Y se multiplica su fruto para los reyes que has puesto sobre nosotros por nuestros pecados quienes se enseñorean sobre nuestros cuerpos y sobre nuestras bestias, conforme a su voluntad, y estamos en grande angustia". (*Nehemías,* IX, 36-37).

Es evidente que en tales circunstancias no era dable soñar con aquel porvenir brillante que los profetas prometieran al pueblo: que Jerusalén sería el centro del universo hacia donde afluirían todos los pueblos, que un rey hebreo del linaje davídico dominaría a las naciones, que reyes y príncipes serían vasallos de Israel, que la justicia reinaría por doquier y la ciencia llenaría el mundo entero, como cubren las aguas al mar. Aquellas dulces promesas parecían malos sueños apenas se arrojaba una mirada sobre la triste realidad. Queriéndolo o no, había que relegar aquellos días felices para un porvenir lejano, para la era del Mesías, cuando sobrevendría la verdadera liberación.

¿Y entretanto? ¿Qué quedaba por hacer mientras tanto para que el pueblo judío no pereciese, para que pudiese soportar los tiempos desdichados, a la espera de otros más felices? Esdras se propuso edificar una fortaleza espiritual que amparase al pueblo en un momento de desdicha y preservase su integridad nacional.

Lo primero y lo más importante que hizo fué *democratizar la Tora,* haciendo conocer a todo el pueblo su contenido y su doctrina. Hasta entonces la Tora se hallaba en manos de los sacerdotes, y el pueblo, incluso los reyes, la ignoraban. Los sacerdotes hacían con la Tora lo que les daba la gana, aplicaban las leyes como mejor les convenía. Consideraban la Tora como propiedad suya y de esta manera dominaban no sólo al pueblo ignorante, sino también a los reyes y príncipes.

La lucha contra los sacerdotes habíase librado, es verdad, antes de Esdras. Jeremías, sacerdote él mismo, fustiga acremente a los sacerdotes. Miqueas escribe: "Los sacerdotes enseñan la Tora según se les paga". Oseas los llama "banda de sacerdotes".

Sefanías se queja: "Sus sacerdotes profanaron la santidad, robaron la Tora". Esta lucha trajo ciertos resultados, porque en tiempos del rey Josías la Tora fué sacada finalmente de manos de los sacerdotes para ser leída delante del pueblo. En realidad, Esdras no hizo más que proseguir esta lucha, pero con mucho más éxito que todos sus predecesores. Era la persona más apropiada para ello. En primer término, era sacerdote y conocía perfectamente la Tora; en segundo lugar, era un escriba diestro que podía hacer numerosas copias de la Tora y difundirlas entre el pueblo. Contaba, además, con la ayuda de sus compañeros, hábiles copistas a su vez. No hay que olvidar que en aquel entonces era muy raro encontrar a alguien que supiese escribir y que, por añadidura, fuese un copista diestro. Los que sabían escribir eran, por lo general, los sabios, los legisladores y dirigentes del pueblo.

El primer trabajo de Esdras consistió, por consiguiente, en arrancar la Tora de manos de los sacerdotes, que la monopolizaban. Estableció para ello que la Tora fuese leída delante del pueblo y explicada en un lenguaje claro y comprensible. Y no sólo los sábados y días feriados, cuando la gente podía consagrarse a los ejercicios espirituales, sino también los lunes y jueves, cuando el pueblo se congregaba en las ferias y los días en que funcionaban los tribunales. En este sentido la lucha de Esdras fué similar a la que Lutero libró, más adelante, contra la Iglesia católica, ya que arrancó la Biblia de manos del Papa y sus auxiliares y la tradujo al alemán, combatiendo así la autoridad exclusiva del clero sobre las Sagradas Escrituras. El triunfo de Esdras, empero, fué más completo que el de Lutero, pues a partir de él desapareció totalmente del judaísmo el principio eclesiástico. La Tora era accesible para todos; todo aquel que la estudiaba era igualmente estimable en asuntos de religión y no tenía que acudir al sacerdote. El "hombre divino" judío no pasaba de ser un Rabí, un maestro instruído en la Tora, pero carente de toda santidad especial. "Un sabio, aunque fuese un mancer, es más importante que un Gran Sacerdote que sea ignorante", estableció Esdras. Lo esencial era el conocimiento de la Ley.

Claro está que los sacerdotes no cedieron fácilmente, sin luchar, sus prerrogativas de casta. Esta lucha la volvemos a encontrar mucho tiempo después. Líbranla los saduceos (el partido de los sacerdotes, representantes de la aristocracia) y los fariseos. Estos últimos defienden celosamente las innovaciones de Esdras y sus compañeros y sólo se empeñan en elevar el prestigio del sacerdocio.

Con el fin de quebrantar enteramente la soberbia de los sacerdotes, Esdras y sus compañeros y los Hombres de la Gran Asamblea implantaron las oraciones. Erigiéronse lugares de oración (sinagogas) en todas las ciudades, en los que el pueblo solía reunirse para orar a Dios directamente, sin la mediación de sacerdotes y sin holocaustos. Gracias a esto las ceremonias del Templo perdieron toda su importancia.

Esto, empero, no fué suficiente. Esdras y sus compañeros establecieron que las leyes sobre la "impureza" eran igualmente válidas para todos, tanto para el pueblo grueso como para los sacerdotes. En parte se vieron influenciados, al disponer eso, por los persas, entre quienes las leyes sobre la impureza eran mucho más severas que entre los judíos. Pero su intención principal fué, probablemente, implantar de una vez por todas el principio de que el sacerdote no es en manera alguna un ser superior al hombre común, excepción hecha de su pertenencia al servicio religioso del Templo.

Además de esta lucha interna contra la importancia del sacerdocio, Esdras tuvo que preservar al pueblo de otro peligro: de la mezcla con las naciones circundantes y del retorno a la idolatría. Dispuso por lo tanto:

1) Que quedaba prohibido casarse con individuos de otros pueblos. Según la Ley de Moisés, esta prohibición sólo regía para los siete pueblos que residían en Palestina antes de que llegaran allá los israelitas. Esdras, empero, prohibió todos los casamientos mixtos, hasta con los samaritanos, raza extraña que observaba la Ley mosaica. En este sentido fué Esdras sumamente riguroso; no sólo prohibió los casamientos mixtos para lo sucesivo, sino que también exigió que todos aquellos que ya tenían esposas extranjeras se separasen de ellas y hasta renunciasen a los hijos nacidos de esos matrimonios. Los que se resistieron a hacerlo, fueron expulsados de la comunidad y confiscados sus bienes.

2) Según algunos historiadores estableció también Esdras que todos los países eran impuros. Efectivamente, en el libro de Esdras se encuentra un par de veces la expresión: "impureza de los pueblos".

3) Para distanciarse más aún de los samaritanos, cambió Esdras el arcaico alfabeto hebreo por el asirio. Los samaritanos, en efecto, escribían la Tora con el abecedario hebreo, y para que su Tora, ligeramente adulterada en lo referente al monte Gerizim, no fuese tomada con el tiempo como la Tora hebrea

auténtica, ordenó Esdras que ésta fuese escrita con caracteres asirios; en la vida diaria quedó subsistente la escritura hebraica.

4) Para evitar ulteriores modificaciones, errores y tergiversaciones en la copia de la Tora, Esdras y sus compañeros establecieron las reglas para leerla y escribirla tal cual había sido escrita en realidad.

5) Al hacer copias de la Tora, los escribas encontraron pasajes en que ciertas palabras empleadas en el texto no eran las exactas o las más adecuadas. Pero no se permitieron hacer modificaciones, dejando el texto tal cual, pero agregándole la palabra que, a su manera de ver, era la exacta. Fueron tan cautelosos en esto que llegaron a contar las letras y los vocablos de la Tora, a fin de que no entrase en ella ninguna palabra extraña. Fué ésta una tarea harto difícil, pero que trajo muy buenos resultados, porque sólo así se pudo preservar a la Tora de tergiversaciones y de errores, ineludibles en una época en que no se tenía noción de la imprenta. Establecieron al mismo tiempo que las letras *m, n, s, tz, j* fuesen escritas, al final de las palabras, con mayúsculas.

6) Mucho se hizo también por la restauración del idioma nacional, el hebreo, olvidado en parte durante el cautiverio. La nueva lengua hebrea ya no tenía el brillo y la belleza poética que le dieron los primeros profetas; en cambio, era más rica en expresiones y en conceptos.

7) Fundáronse academias en las que la Tora era estudiada de conformidad con los comentarios de los Escribas. La misión de estas academias era doble: divulgar el conocimiento de la Tora entre el pueblo y formar un cuerpo de juristas que

pudiesen desempeñar el cargo de jueces. Hasta entonces actuaban como jueces los sacerdotes; a partir de Esdras sólo hacía falta ser instruído en la Ley para ser juez. Y los jueces hacían mucha falta a la sazón, ya que Esdras había obtenido el consentimiento del soberano persa para nombrarlos en cada ciudad. Había dos clases de tribunales: uno de tres miembros y otro de veintitrés. Algunas generaciones más tarde, después de la desaparición de la Gran Asamblea, formóse también un tribunal supremo de setenta y un miembros: el Gran Sanedrín. La finalidad de esas entidades, según lo anota el tratado talmúdico "Enseñanzas de los Padres", era: "Sed cautelosos y mesurados en el juicio, tratad de tener el mayor número posible de discípulos y haced un cerco a la Ley".

Este último principio—"Haced un cerco a la Ley"—era el más importante. Con él se introdujo un nuevo elemento en la legislación, elemento que trajo muchas consecuencias favorables y también otras inconvenientes. Con él se confirió poder, mejor dicho, se impuso a los sabios de cada generación el deber de implantar leyes nuevas, si consideraban que ellas hacían falta para conservar las antiguas. De este privilegio se valieron, a veces con exceso, no solamente los Hombres de la Gran Asamblea, sino también los sabios de la posteridad, los cuales fijaron un sin fin de barreras y de cercos.

*

Las distintas reglas y limitaciones que establecieron Esdras y sus compañeros, y más tarde los Hombres de la Gran Asamblea, son numerosas y están esparcidas por todo el Talmud, donde son conocidas con el nombre de "Máximas de los escribas", "Reglas de los Rabinos", etc. Citarlas todas resulta imposible e innecesario en un trabajo como el presente. Mencionaré tan sólo las más características:

A) Gran importancia se atribuía al sábado. En la Tora sólo se especifica que está prohibido hacer "trabajo" alguno el día sábado. ¿Qué se entiende bajo esa palabra? Pues bien; Esdras y los integrantes de la Gran Sinagoga citan treinta y nueve clases de trabajos. Además, quedó prohibido el comercio, aunque no está comprendido por el término "trabajo". La prohibición de negociar el día sábado sólo proviene de los rabinos. En la época del primer Templo, cuando el pueblo judío se dedicaba únicamente a la agricultura, tal prohibición estaba de más, puesto que el pueblo sabía poca cosa del comercio. Empero, más tarde, cuando se difundió el comercio, esta prohibición se hizo indispensable.

Muchas cosas quedaron prohibidas de efectuarse el día sábado no porque constituyesen un trabajo, sino porque no debían hacerse en un día de reposo ("Mischum schevut"), como por ejemplo, ir a caballo. Por las mismas causas quedaron también prohibidas en los días feriados.

En otros aspectos, en cambio, se alivió lo referente al sábado. Verbigracia: en la Tora está escrito: "Nadie salga de su lugar el séptimo día". La intención de esta disposición fué, en un principio, que el día sábado no se fuera a recoger maná, pues no lo encontrarían. Más adelante, empero, eso se interpretó en el sentido de que estaba prohibido andar en general, y por eso se estableció el "Erub" (1). Lo mismo ocurrió con el "No prenderéis fuego", que los samaritanos, y más tarde los saduceos (y hoy en día los caraítas) interpretaron en el sentido de que hay que permanecer a obscuras todo el día sábado. Por eso establecieron los Hombres de la Gran Asamblea que había que encender las velas el advenimiento del sábado.

B) Muchas reglas se introdujeron en la vida de familia. Establecióse asimismo la consanguinidad de segundo grado. En la Tora se mencionan una serie de parentescos que imposibilitan el vínculo matrimonial. Estas categorías se denominan "haraioth". Los Escribas, empero, prohibieron también el parentesco en segundo grado, así se tratara de una generación anterior o posterior.

Implantóse también el ceremonial nupcial. Con eso se colocó el casamiento sobre una base religiosa, cuando antes era sólo una institución civil. La consagración nupcial por medio de una moneda era, a la sazón, un resabio de una antigua costumbre, conforme a la cual el padre tenía el derecho de vender a su hija por dinero.

Estableciéronse también dificultades para el divorcio. La mujer divorciada debía recibir en compensación una suma de dinero, a fin de que dispusiese de medios de subsistencia. Esta disposición fué implantada con el objeto de que la mujer judía no quedase desamparada.

---

(1) Espacio de unos dos mil codos, de extramuros, cercado por un alambre, dentro del cual podían los judíos transportar los objetos leves el día sábado, sin que esto significase un "trabajo". — (N. del T.)

Además, se introdujeron ordenanzas sobre las menores. El padre estaba obligado a alimentar y vestir a sus hijas menores. Cuando se hacía casar a una menor, ésta podía abandonar a su esposo si no le agradaba, cuando llegaba a la mayoría de edad, sin que necesitase para ello el divorcio.

C) Muchas leyes nuevas, indispensables entonces, fueron introducidas en los asuntos comerciales. Así, por ejemplo, se estableció que no bastaba pagar la mercadería para hacerse dueño de ella; era necesario que fuese trasladada de la jurisdicción del vendedor a la del adquirente, "para que éste no pudiese decirle: "tu trigo se ha quemado".

Otra ordenanza mandaba "adquirir los cuatro cerdos para el hombre", es decir, que la ocupación por un individuo de un lugar que no tuviese propietario bastaba para que ese sitio fuese suyo. Esta disposición hacía falta entonces, pues muchos campos de Palestina carecían de dueños, por haber sido matados éstos durante las guerras o bien porque habían quedado en el cautiverio. El concepto de que la explotación de un predio durante tres años era un título de propiedad suficiente data también, probablemente, de aquella época. (Es el derecho llamado "hazaka")

La prohibición de practicar la usura fué robustecida. No sólo se prohibió percibirla directamente, sino que también quedó vedado obtener cualquier clase de esas ganancias, por cualquier conducto que fuese.

Implantóse el juramento en determinados conflictos por cuestiones pecuniarias; una de las partes, o ambas a la vez, debían jurar la veracidad de sus afirmaciones.

Cierta clase de gente quedó desechada como testigos. Verbigracia: los jugadores, los usureros y los individuos que en los años de "schmita" recogían los cereales que quedaban a la merced de todos y los vendían. (A causa de esto sufrían grandemente los pobres). Más tarde, en la época de los romanos, fueron también eliminados como testigos los recaudadores de impuestos.

D) En las leyes criminales se introdujeron reformas muy importantes. Las primitivas leyes mosaicas quedaron casi enteramente abolidas y su lugar lo vinieron a ocupar otros conceptos, más humanitarios, más refinados, acerca del crimen y el castigo. Los Escribas interpretaron las viejas leyes de modo tal que concordasen con los conceptos nuevos. Así, por ejemplo, dijeron: "Ojo por ojo significa dinero", es decir, que no se debía sacar un ojo por un ojo, sino indemnizar al damnificado por el ojo que hubiese perdido.

Lo mismo hicieron con la ley "Y también su dueño será ejecutado", (el dueño del toro reincidente o sea de aquel que hubiese causado daño por segunda vez y que debía también morir, según la ley). Es decir, que interpretaron ese castigo en forma de multa en efectivo. Otro tanto establecieron para casos análogos.

La pena de muerte quedó en vigencia teóricamente, pero en la práctica casi no existía. Los talmudistas posteriores fueron tan lejos, exigieron a los testigos pormenores tan complicados, que resultaba imposible condenar a un delincuente a la pena capital. Se llegó a tal extremo, que cierto tribunal que pronunció una condena de muerte, una vez en setenta años, fué llamado "tribunal verdugo" ("Bet-Din Katlanit").

Los ejemplos citados más arriba bastan para dar una idea acerca de la actividad de Esdras y sus compañeros y de sus sucesores, los Hombres de la Gran Asamblea. Conviene no olvidar que se trata de un larguísimo lapso, que se inicia con Esdras y termina con el dominio de Alejandro Magno sobre Persia, cuando Palestina pasó por tercera vez a manos extrañas y se convirtió en provincia griega. En tan largo período, como es de imaginarse, fueron implantadas centenares de ordenanzas y reglas, las que quedaron esparcidas por la enorme literatura talmúdica, sin orden histórico alguno, de modo que resulta imposible saber a ciencia cierta cuál de esas disposiciones proviene de una u otra época.

No hay duda que muchas leyes y costumbres que el Talmud atribuye a Moisés fueron implantadas por Esdras y los Hombres de la Gran Asamblea, por más que algunas parecen ser de una época posterior. Todas las costumbres y leyes cuyo origen no conocían exactamente los talmudistas las designaron con el nombre de "leyes mosaicas del Sinaí".

El rasgo característico de estas antiguas leyes consiste en que no han sido encajadas dentro de la intención de la Tora escrita por medio de argucias casuísticas y sofismas lógicos. Este último método fué introducido mucho más tarde, cuando los saduceos salieron, en nombre de la Ley escrita, contra las nuevas leyes y ordenanzas, conforme lo veremos en el capítulo que sigue.

Capítulo III

SADUCEOS Y FARISEOS

Pacíficamente, sin guerra alguna, pasó el país de Judea a manos de los griegos. Débil y pequeño, pobre y abatido hallábase entonces el pueblo judío en la tierra de sus antepasados. Un pueblo en tales condiciones no podía soñar siquiera con oponerse al invencible Alejandro Magno, que había derrumbado incluso el poderoso imperio de los persas. Es probable que los judíos se hayan alegrado con la victoria de Alejandro sobre Persia, viendo en ello la mano de Dios. En todo caso, nada tenían que perder. ¿Qué les importaba quién iba a ser su dominador? ¿Acaso era mejor el yugo persa que el griego?

Lo único que anhelaban entonces los judíos era su libertad de servir a su Dios a su propia manera, la libertad de conciencia. Y esto les fué concedido por Alejandro, por no ver en ello peligro alguno para su gobierno del mundo.

Soberbiamente, en medio del mayor boato, rodeado por su brillante séquito, como vencedor que regresa triunfalmente de una guerra, con todo el mundo antiguo a sus plantas, penetró Alejandro en el país de Judea. Humildemente, luciendo sus vestiduras sacerdotales y acompañado por los hombres respetables de Jerusalén, que llevaban cornetas en sus manos, fué recibido, según la leyenda, por Simeón el Justo.

En ese encuentro, ¿comprendieron ambos que dos mundos entraban en conflicto? ¿Diéronse cuenta que dos culturas, casi totalmente opuestas, entraban en contacto entre sí?

El primer encuentro, en todo caso, fué pacífico. Mas esta calma duró poco. La guerra era inevitable y sobrevino algún tiempo después. Los "Hombres de la Gran Asamblea" pudieron fácilmente "degollar al espíritu maligno de la idolatría", pero fueron impotentes contra la espléndida cultura helénica, que empezaba a socavar los fundamentos de la vida judía; la misma "Gran Asamblea" llegó a desmembrarse.

Todas las restricciones, reglamentaciones y leyes que tenían por objeto conservar la integridad de la nación, justamente esas innovaciones provocaron las más encarnizadas luchas entre los partidos, las que pusieron en peligro la existencia del pueblo mismo.

El brillo externo de la cultura helénica, la vida alegre y libre de los griegos, sus modales refinados, sus juegos en los anfiteatros ejercieron una influencia poderosa sobre los jóvenes israelitas, especialmente sobre los nobles adinerados, quienes por su posición social y política se hallaban en estrecho contacto con los mandatarios griegos. Estos elementos formaban el partido helenista.

Pero, si en un principio lucharon los helenistas contra las restricciones excesivas, contra el extremado aislamiento del pueblo judío, contra las nuevas ordenanzas y leyes, contra la llamada Tora de los Ancianos, se fueron apartando con el tiempo más y más del judaísmo, convirtiéndose en enemigos de la Tora en general, de toda la cultura judía. Hasta trataron de combatir la nacionalidad judía y se empeñaron en asimilarse enteramente con los griegos.

La nueva lengua hebrea fué sustituída por la griega, que llegó a ser el idioma de los aristócratas. Estos cambiaron sus nombres por otros griegos: de "Ieschua" hicieron "Jasón"; de "Janiu", "Menelao"; hasta los nombres de las ciudades fueron trocados por otros helénicos: de "Rabot-Amón" se hizo "Filadelfia", de "Har Moab", "Ariópolis", etc.

Los juegos en los anfiteatros se verificaban los sábados, lo cual no fué un impedimento para los helenistas, quienes no vacilaron en transgredir el reposo sabático. En esos juegos era menester andar desnudo, y los griegos se burlaban de los jóvenes judíos que llevaban en sus cuerpos un signo de judaicidad. Esto bastó para que los helenistas dejasen de circuncidar a sus hijos, y los ya circuncisos eran denominados "los que se tiran del prepucio".

Las cosas llegaron a tal extremo que los sumos sacerdotes helenistas, a quienes incumbía la misión de velar por la religión hebrea, eran los que obligaban a los judíos, por la fuerza, a abandonar su credo. Muchos sabios israelitas fueron muertos únicamente porque se mostraron aferrados al judaísmo.

Gracias a los helenistas aristocráticos y a los Sumos Sacerdotes helenistas, el gobierno greco-sirio empezó a inmiscuirse en los asuntos de la religión hebraica. Estos traidores del pueblo habían delatado sencillamente la Tora, afirmando que ella enseña el odio y el desprecio a los demás pueblos y que por eso era preciso obligar a los judíos a abandonar sus enseñanzas perniciosas. Estas delaciones tuvieron su influencia: iniciáronse esas terribles persecuciones y vejaciones que alcanzaron su apogeo en la época del "loco Antígono" y que sólo terminaron cuando los asmoneos salieron victoriosos en su grandiosa lucha libertadora.

Esta lucha encarnizada contra todo lo que fuera judío, librada por los helenistas, dió nacimiento al partido de los "jasidim" (devotos). Estos últimos, conforme ocurre siempre en las luchas interpartidarias, se fueron al extremo opuesto. Surgieron así nuevas restricciones y prohibiciones, que tuvieron por objeto alejar a los judíos de la cultura helénica. El odio contra todo lo que era griego iba creciendo cada vez más. La lengua griega, los nombres griegos, los juegos griegos y la "sabiduría helénica" en general quedaron severamente prohibidos: maldíjose a todo aquel que enseñaba la ciencia griega. Todas las expresiones y leyendas del Talmud en que se ataca acremente la cultura helénica provienen de aquella época.

Los asmoneos triunfaron. El pueblo judío no sólo obtuvo su libertad religiosa, sino también, en cierta medida, su independencia política. El Templo fué purificado, el ídolo nauseabundo fué arrojado de él, expulsados los Grandes Sacerdotes helenistas. Muchos helenistas fueron muertos, otros salieron de Palestina y se establecieron en las cercanas provincias griegas; el país quedó libre de helenistas. Mas, con la desaparición de éstos quedaron también eliminados los "jasidim", que ya no eran necesarios. Con la iniciación del predominio de los asmoneos desaparecen los nombres de aquellos partidos.

Mas la vida del pueblo no quedó estancada. Las causas que habían provocado las discrepancias siguieron subsistiendo en la misma forma, aproximadamente. De ahí que aparecieran nuevos partidos sobre las bases antiguas. Es verdad que las disidencias ya no eran tan agudas, la lucha dejó de ser tan tenaz, el odio disminuyó en intensidad, pero los partidos, sin embargo, siguieron actuando. Estos partidos eran el de los *saduceos* y el de los *fariseos.*

Dos corrientes principales y antagónicas sobresalían en la vida del pueblo judío en aquella época. Consistía la una en la tendencia de que los judíos fuesen iguales a los demás pueblos que los rodeaban y que se hallaban bajo el influjo de la cultura helénica. La segunda, por el contrario, aspiraba a hacer de los israelitas un pueblo aislado, con sus costumbres y leyes propias, con su vida peculiar, con su cultura característica, a cuyo efecto debían distanciarse más y más de todo lo que les fuera extraño, especialmente de todo lo griego.

Estas dos corrientes hallaron su expresión primeramente en el helenismo, por un lado, y en los "jasidim" (devotos), por el otro. Más tarde, en circunstancias algo distintas, estuvieron encarnadas por los saduceos y los fariseos. Las opiniones de los saduceos coincidían en muchos aspectos con las de los helenistas y las doctrinas de los fariseos eran casi idénticas a las de los "jasidim". Los saduceos eran helenistas moderados; los fariseos eran "jasidim" menos celosos. En ambos casos se trataba de gente aristocrática y adinerada que buscaba la cultura extraña, mientras que las capas que se hallaban más cerca del pueblo grueso se mantenían aferradas a la cultura popular.

Como queda dicho, el pueblo judío, en virtud del triunfo de los asmoneos, no sólo conquistó su libertad religiosa, sino también, en parte, su independencia política. Los nuevos mandatarios de Israel hasta anhelaban convertir al país de Judea en una potencia temporal. Claro está que en tales circunstancias resultaba casi imposible desarrollar una propaganda que tuviese por finalidad la anulación de la independencia nacional recientemente lograda y que predicase la asimilación del pueblo judío con las naciones circundantes. Por eso no se encuentra entre los saduceos esa agitación antinacional, mientras que la lucha contra la llamada Ley Oral la prosiguieron con el mismo encarnizamiento. Los saduceos no combatieron el judaísmo como tal; tampoco combatieron, en general, la nacionalidad judía; sólo lucharon contra determinado tipo de judaísmo: el de los fariseos.

*

No está fijado con precisión cuándo aparecieron los saduceos como partido, ni lo que significa su nombre. Los talmudistas posteriores confundieron más aun esta cuestión, pues no conocían la historia de aquellos tiempos. Buena parte de la culpa recae también sobre los censores cristianos del Talmud, quienes colocaron la palabra "saduceo" allí donde debía decir "min"; razón por la cual se encuentran frecuentemente en el Talmud, en boca de un saduceo, los argumentos de los "minim". ("Minim", plural de "min", eran las sectas judeocristianas, sobre todo la de los gnósticos, llamados en hebreo: "Iod'in").

Acerca del origen de los saduceos se refiere en el Talmud la siguiente leyenda: "Antígono de Sojo predicaba ante sus discípulos: "No seáis como los esclavos que sirven a su señor por el salario". Esta elevada doctrina fué mal comprendida por dos de sus discípulos. "Esto significa — dijeron — que en el mundo de ultratumba no existe recompensa ni castigo. ¿Por qué no hemos de pasar la buena vida en este mundo terrestre?" Apartáronse por ello y fundaron dos nuevas sectas, la de los saduceos y la de los "beitusim".

El relato del Talmud, empero, carece de valor histórico. Según la tradición, Antígono vivió justamente con anterioridad a la época de los helenistas y de los "jasidim", y por consiguiente, sus discípulos no podían haber sido los fundadores de partidos que han surgido mucho tiempo después. Además, se confunde allí a los saduceos con los "beitusim", cuando en realidad estos últimos fueron muy posteriores, pues actuaron en tiempos de Herodes el Grande y se llamaban así por el nombre de la familia Beitus, a la que Herodes entregó el Sumo Sacerdocio, en lugar de los asmoneos que hiciera asesinar.

Algunos historiadores modernos sostienen que la palabra "saduceo" proviene del nombre Saduc, Sumo Sacerdote que vivió en tiempos del rey Salomón. La familia de Saduc ejerció el sacerdocio magno en toda la época del primer Templo y también durante el segundo, hasta el advenimiento de los asmoneos, que ocuparon su sitio. Estos saduceos, que constituían la vieja aristocracia, se habrían ligado luego a los asmoneos, que eran los nuevos aristócratas, a fin de dominar conjuntamente al pueblo. Esta hipótesis es poco probable, pues cuesta creer que la nueva aristocracia, la de los asmoneos, llevase el nombre de la vieja aristocracia, aun admitiendo la posibilidad de que ambas pudiesen vivir en paz entre sí.

Otra explicación interesante del origen de esos nombres la ofrece el profesor Darenberg. Sostiene que la palabra saduceos (en hebreo "zadukim") proviene del vocablo "zadikim" que significa "justos". Los saduceos se habrían llamado así porque consideraban que hacían todo lo que era justo y eludían todo aquello que estaba prohibido. El verdadero nombre de ese partido sería entonces "zadikim" (justos) y sólo sus adversarios los llamaban, para burlarse, "zadukim". Lo mismo hicieron éstos llamando a sus opositores "fariseos".

Para los talmudistas posteriores ambas denominaciones, tanto la de "saduceo" como la de "fariseo", constituían, en efecto, insultos. Con el término "saduceo" se designaba a veces a un hereje o a un incrédulo, y otras veces a un gnóstico o a un depravado. Con la palabra "fariseo" se indicaba a menudo a un ocioso, un fanático y también a un hipócrita.

Empero, si existen discrepancias acerca del significado de estos nombres, todos los historiadores están acordes, en cambio, en que los saduceos aparecieron como partido solamente en la época de los asmoneos.

*

Las disidencias entre fariseos y saduceos pueden concretarse en los siguientes grupos:

a) Sobre la función del Estado.

b) En su filosofía y moral.

c) En las ceremonias religiosas.

d) En las leyes criminales y civiles.

a) Sobre la función del Estado. Los primeros asmoneos eran tan sólo príncipes y sumos sacerdotes. No tuvieron el atrevimiento de adjudicarse el título de rey ni de ejercer el poder real, aun cuando el país de Judea ya no se hallaba sometido a la hegemonía de los griegos. Los primeros asmoneos temían sencillamente provocar con ese paso la ira del pueblo, el cual había recibido de los Hombres de la Gran Asamblea, de los "jasidim" y más tarde de los fariseos una enseñanza notoriamente antimonárquica. No porque esos maestros del pueblo fuesen republicanos, en el sentido moderno de la palabra, sino porque colocaban a la Tora por encima de todo. Todo aquel que estudiaba la Tora y que cumplía sus mandamientos se hallaba por este solo hecho en igualdad de condiciones con el sumo sacerdote, con el príncipe o con el rey. Era aquella una democracia absoluta en la que sólo Dios y su palabra tenían autoridad, una especie de república teocrática. Si el pueblo debía someterse a la autoridad de un rey, éste tenía que ser el tan largamente esperado Mesías hijo de David, el rey del linaje davídico ungido por Dios, encarnación de la justicia divina sobre la tierra. Y sólo él, el redentor auténtico, traería la redención verdadera y devolvería al pueblo judío su antigua dignidad y esplendor. Los asmoneos, que nada tenían que ver con la familia de David, no soñaron siquiera, por esa razón, con ser reyes. Hasta es posible que ellos mismos hayan aguardado al descendiente del linaje davídico.

Los primeros asmoneos eran fariseos y se condujeron de conformidad con la Tora de los Ancianos. Mas, tan pronto como sus sucesores conquistaron mayor autoridad en virtud de sus victorias sobre los pueblos circundantes, su actitud con respecto a los fariseos sufrió un cambio. Eso fué inevitable, puesto que las enseñanzas de los fariseos no sólo iban en contra de los intereses de la dinastía asmonea, sino también contra los de la clase burocrática y de la aristocracia, a las que les convenía más un reino. Las enseñanzas de los fariseos, en cambio, concordaban exactamente con las nuevas circunstancias, con la nueva orientación de la vida política.

Los saduceos no tenían fe en un Mesías que descendiese de la casta de David, y esto favoreció las aspiraciones dominadoras de la nueva dinastía asmonea. De modo, pues, que los asmoneos podían también convertirse en reyes, podían tomar las riendas de la autoridad en sus propias manos y gobernar en la forma que mejor les pluguiese.

Además, los sacerdotes eran considerados como una casta privilegiada de posición superior. De ahí que las leyes referentes a la impureza fueran válidas únicamente para los sacerdotes. Esto resultaba particularmente del agrado de los asmoneos, que eran sacerdotes. Por otra parte, esto ofrecía la posibilidad de abolir la impureza de los países extrapalestinenses, que los "jasidim" habían impuesto en su lucha contra el helenismo. Esto constituyó un gran beneficio para el desenvolvimiento de la vida política del país, ya que con la supresión de aquella medida se allanó el camino para concertar convenios políticos y económicos y alianzas con otros pueblos y países.

Dos relatos más o menos exactos históricamente se encuentran en el Talmud acerca de aquella época y caracterizan muy bien la lucha política que se produjo a la sazón entre fariseos y saduceos.

El primero dice en síntesis: El rey Janeo,[1] a su regreso de una guerra en que había conquistado sesenta ciudades, ofreció un banquete al que invitó a todos los sabios. Durante la comida, Eleazar

(1) La misma historia la relata Josefo, pero en lugar de Janeo la atribuye a Johanán Hircano. La versión de Josefo es la exacta.

ben Puira denunció ante el rey que los fariseos lo querían mal. Un viejo fariseo allí presente, Judá ben Gadida, contestó: "Rey Janeo: baste para ti el trono y deja el sacerdocio para los sacerdotes auténticos, pues tu madre ha sido cautiva en los días de Antíoco"... Empero, aquella sospecha resultó inexacta. El rey, naturalmente, montó en cólera y exigió que Judá ben Gadida fuese castigado. Los fariseos decidieron que sólo le correspondían azotes, como a cualquiera que difamaba a su prójimo. Esto no le agradó a Janeo, pues con ello se venía a expresar que los agravios contra el rey y sumo sacerdote no constituían una falta mayor que la ofensa inferida a cualquier individuo. Por ello se convirtió en saduceo y persiguió a los fariseos (*Tratado Kiduschin,* 66).

El segundo relato es como sigue: Un esclavo del rey Janeo mató a un hombre. Simeón ben Setaj mandó llamar al rey para que compareciese ante el Sanedrín, advirtiendo al mismo tiempo a los integrantes del tribunal que no debían favorecer al soberano. Este acudió y tomó asiento. "Rey Janeo—exclamó Simeón ben Setaj—levántate y escucha lo que los testigos tengan que decir contra ti". Janeo, ofendido, contestó: "Si los demás jueces también me lo ordenan, así lo haré". Y se volvió hacia la derecha y ellos guardaron silencio, y se dió vuelta hacia la izquierda, y callaron también. Entonces Rabí Simeón ben Setaj maldijo a los jueces por su cobardía. (*Tratado Sanedrín,* 19).

De estos dos relatos se deduce que los fariseos se mantenían firmes en la regla de que todos, tanto el más encumbrado como el más humilde, debían ser iguales ante la ley.

Este espíritu democrático de los fariseos fué lo que los hizo tan populares entre el pueblo, a pesar de que éste debía sufrir mucho a causa de las prohibiciones que ellos le impusieron. Los fariseos luchaban por el principio de la igualdad ante la ley, aun cuando se tratara del príncipe o del gran sacerdote. No querían admitir que los gobernantes disfrutasen de mayores privilegios que cualquier otro mortal. El pueblo sentía instintivamente que los fariseos eran sus amigos, los defensores de sus derechos, y les perdonaba su severidad y las dificultades que le imponían. Por eso, tan pronto como la familia de los asmoneos se unió con los saduceos para suprimir las ordenanzas implantadas por los fariseos, aquella familia fué perdiendo más y más el aprecio del pueblo.

b) En su filosofía y moral. La base sobre la cual los saduceos fundaron sus discrepancias consistía en que todos los escritos y tradiciones no incluídos en la Ley escrita de Moisés no eran sagrados ni obligatorios. Por eso les resultó fácil renunciar a la familia de David y a la fe en una redención en el porvenir, acerca de la que nada se dice en la Tora de Moisés. Por esta misma causa pudieron también negar fácilmente la vida de ultratumba y la resurrección, no mencionadas en la Ley mosaica.

Los saduceos, por lo tanto, se vieron impelidos a encajar todas esas creencias, por medio de argucias, en las palabras mismas de la Tora. Frecuentemente se encuentra en el Talmud la pregunta de algún saduceo: "¿Dónde dice la Tora que los muertos resucitarán?", o bien esta otra: "Vosotros decís que los muertos resucitan", e inmediatamente una interpretación sofística que trata de demostrar que la resurrección sí está mencionada en la Tora. Lo mismo ocurre con el Mesías en espera, que se deduce, mediante una treta logística, de la bendición de Jacob a Judá.

Que los saduceos no apreciaban todas esas creencias es cosa que se encuentra en Josefo y en el Nuevo Testamento. Así, por ejemplo, refiere San Pablo que se escabulló del Sanedrín únicamente porque sostuvo que era un fariseo y creía en la resurrección, y por eso Jesús pudo volver a la vida después de la crucificación (*Hechos de los Apóstoles,* 23).

El punto de vista saduceo acerca de la resurrección del alma se encuentra extraviado en varios pasajes del Talmud; verbigracia: "Joven, agarra y come, agarra y bebe, porque el mundo del cual nos vamos se parece a un festín". O bien este otro: "Hijo mío, si tienes, mejor para ti; la muerte llega con seguridad y en la tumba no hay placeres, y si pretendes legárselo a tus hijos, ¿de qué te servirá en la tumba? Los hombres son como la hierba: unos florecen y otros se agostan".

Con más claridad, empero, está expresado eso en el *Eclesiastés,* que, según Graetz y Haupt, fué escrito primitivamente por un saduceo, siendo modificado algún tiempo después: "Porque lo que le sucede es: como mueren los unos así mueren los otros y un mismo "espíritu" tienen todos; no tiene el hombre prioridad sobre la bestia, porque todo es vanidad. Todo va a un lugar; todo es hecho del polvo y todo se tornará en el mismo polvo. ¿Quién sabe si el espíritu del animal desciende debajo de la tierra?" (1)

Su criterio sobre el castigo y la recompensa está expresado también con nitidez en el *Eclesiastés*: "Mejor es perro vivo que león muerto. Porque los que viven saben que han de morir, mas los muertos nada saben, ni tienen más paga, porque su memoria es puesta en olvido. También su amor y su odio y su envidia feneció ya; ni tienen ya más parte en el siglo, en todo lo que se hace

(1) Esta transcripción no es fiel, según la versión de Cipriano de Valera.

debajo del sol... Todo lo que te viniere a la mano para hacer, hazlo según tus fuerzas; porque en el sepulcro, adonde tú vas, no hay obra, ni industria, ni ciencia, ni sabiduría".

La moral de los saduceos, por lo tanto, era puramente epicúrea: consistía en extraer de la vida la mayor cantidad posible de placeres. La Tora ha sido conferida únicamente para que los hombres puedan vivir dichosa, pacífica y calmosamente en este mundo de abajo. Y también en este punto tenían los saduceos de su parte a la Tora, la cual sólo promete el bienestar terrestre, como ser: abundancia de años, buenas cosechas y la paz, en premio de las buenas acciones. De ahí que los saduceos se riesen de los fariseos, "que padecen penurias en este mundo, para no recibir nada en el mundo futuro"; ellos, por su parte, se pasaban la buena vida y "empleaban vajilla de oro y de plata" (*Abot de Rabí Natán*, capítulo V).

Esta moral epicúrea era, por su esencia, aristocrática, pues sólo podía ser aplicada por los ricos y los hartos. La masa, la gran mayoría del pueblo, sólo recibía en este bajo mundo penurias y aprietos. Para la masa popular, la promesa de la Tora de ser feliz en este mundo resultaba una especie de burla. Era, pues, preciso interpretar los simples versículos de la Tora de tal manera que se ajustasen a un mundo de ultratumba: "Para que seas feliz, significa que lo serás en un mundo todo bondad". Hubo que crear, o se ha creado por sí solo, un mundo de ultratumba, con una vida ultraterrestre, donde el Justo es recompensado y el malvado recibe su castigo. Sólo esto podía constituir una respuesta suficiente al eterno interrogante: "¿Por qué vive mal el Justo, y el malvado, en cambio, lo pasa bien?" Hacía tiempo que esta cuestión no dejaba en paz a los profetas, como Habacuc y Jeremías, y ella está también tratada en *Job*. La Tora, tal como la entendían los saduceos, es decir, de conformidad con su sentido literal, no ofrece respuesta a esta pregunta.

c) En las ceremonias religiosas. Tenían los saduceos un solo objetivo importante y era: enaltecer el prestigio y el linaje de la casta sacerdotal. Trataron por consiguiente de que el público grueso participase lo menos posible de las diversas ceremonias religiosas. Acerca de su tesis de que muchas leyes referentes a la impureza sólo había sido dictadas para uso de los sacerdotes, ya hemos hablado anteriormente. Aquí sólo traeremos algunos ejemplos, a través de los cuales se percibe claramente la intención que los animaba:

1) No reconocieron la "libación del agua" y la "sacudida del sauce", de las que participaba el pueblo entero. La primera de esas dos prácticas era tan sagrada para el pueblo, que cierta vez que el rey Janeo menospreció esta costumbre, casi estalla una revolución.

2) El "holocausto cotidiano" podía, en opinión de los saduceos, adquirirse únicamente con las donaciones individuales, mientras que los fariseos enseñaban que el dinero destinado para ese fin debía ser tomado del tesoro del Templo. Los saduceos lo querían así para que no fuesen tocados los caudales del Templo; querían contar con una nueva fuente de ingresos para los sacerdotes.

3) En torno de la "Vaca colorada" debían, según los saduceos, ocuparse exclusivamente los sacerdotes, los cuales formaban una clase más sagrada. Los fariseos, en cambio, sostenían que un no-

sacerdote, un "extraño", podía intervenir en la incineración y recolección de la ceniza.

4) Los saduceos enseñaron que la "Minja", (oblación de gratitud), que se ofrecía conjuntamente con el holocausto, pertenecía a los sacerdotes, para su consumo personal; los fariseos, por el contrario, sostenían que debía ser quemada.

d) En las leyes criminales y civiles. Poseían los saduceos un "libro de decretos", especie de código, conforme al cual juzgaban todas las causas criminales. Los fariseos no reconocían semejante libro escrito; ajustaban sus veredictos a la Tora y los saduceos se distinguían por su severidad y brutalidad, mientras que los fariseos eran más benignos. Ese código ("Sefer Gzerata") de los saduceos fué quemado cuando los fariseos recuperaron el poder. Ese día el pueblo celebró el hecho con una fiesta. Los saduceos no reconocían la "Tora de los Ancianos" y se atenían, por consiguiente, rígidamente, a la Ley mosaica. Enseñaban por ello que "ojo por ojo" significaba en realidad que se sacara un ojo por un ojo, y lo mismo decían de otras leyes análogas.

Su actitud para con los esclavos era peor que la de los fariseos. Los saduceos colocaban a los esclavos en la categoría de los animales, conforme lo hacían los griegos. Enseñaban por ende que el amo debía pagar por el daño que causaba su bestia. Los fariseos estaban en contra de este criterio.

Podrían citarse muchos otros ejemplos acerca de las discrepancias entre saduceos y fariseos en todos los órdenes de la vida. Pero los arriba traídos bastan para que el lector tenga una noción clara acerca de aquellos dos partidos y sus actividades. La diferencia esencial, empero, consistió en que los saduceos no reconocían como sagrado ningún escrito, excepto la Tora. Por eso los fariseos se vieron obligados a encajar sus nuevas leyes y disposiciones, mediante sofismas, dentro de las palabras de la Tora.

De la manera cómo lo han hecho y de los métodos que emplearon, hablaremos en el capítulo siguiente.

Capítulo IV

LOS METODOS PARA LA INVESTIGACION DE LA TORA

Se ha dicho en el capítulo precedente que la lucha iniciada contra las nuevas instituciones, contra la "Tora de los Ancianos", dió lugar a que se tratara de fijar aquéllas de conformidad con el sentido de las palabras textuales de la Tora. Con ello se quiso robustecer y asegurar la significación de la Ley Oral no sólo a los ojos del pueblo, sino también ante sus adversarios.

Para alcanzar este objetivo no bastó, empero, el sentido simple de la Tora, su significado literal. Era menester ahondar en sus palabras, descubrir su significado más profundo, investigar la intención ulterior del versículo; esto se llamaba "darasch", investigación. Mas, conviene no olvidar que si bien se dedicaba atención preferente a indagar el sentido profundo del versículo, no por eso se rechazaba su significación visible. Regía, por consiguiente, esta regla: "Prosígase la investigación, pero sin modificar el significado sencillo del texto".

Dos tipos de "darasch" se encuentran en el Talmud: uno, llamado "Midrasch Halaja", investigación de la Ley, se emplea para fundamentar o deducir alguno ley ("halaja") de un versículo. El segundo se llama "Midrasch Hagada" y se utiliza para inferir de ese mismo versículo alguna moraleja, una enseñanza o una idea nueva.

Estos dos tipos de "darschanim" o exegetas no siempre se estimaban entre sí. Los "baalei halaja", o partidarios de la "halaja", se consideraban muy superiores a los "baalei hagada", "adeptos de la leyenda", a quienes trataban con menosprecio. Estos, por su parte, se burlaban con no poca frecuencia de los soberbios "baalei halaja" con sus interminables leyes y sofismas. Eran dos clases de individuos distintos entre sí, y dotados de diferentes propósitos y finalidades: áridos juristas por un lado y poetas inspirados por el otro. Sin embargo, por extraño que parezca, los métodos que emplearon en sus "investigaciones" fueron casi los mismos. Por ahora sólo nos ocuparemos del "Midrasch halaja", de la investigación de la ley. Los métodos para investigar la Tora pueden ser clasificados en dos grandes grupos:

1) En puramente lógicos, conforme a los cuales la nueva ley se funda sobre bases netamente lógicas, y

2) en lingüísticos, de acuerdo con los cuales la nueva ley se basa en las particularidades del lenguaje en que está redactado un versículo dado. Una palabra de más, una letra superflua, un giro determinado, una repetición o cosa por el estilo, basta para deducir una nueva ley o nuevos detalles de una ley antigua.

Algunos de esos métodos eran ya conocidos en épocas pretéritas. Posiblemente los sabios judíos hayan sido influenciados por la lógica aristotélica .Entre esos métodos antiguos figura también el "kal vejómer" (deducir lo difícil de lo más fácil), que hasta los saduceos habían reconocido. Otros, en cambio, son productos de los tiempos posteriores.

El primero en cuyo nombre se menciona una clasificación de los susodichos métodos es Hilel el Anciano. Hasta él se aplicaban generalmente las reglas que los representantes del Sanedrín habían recibido tradicionalmente de sus antecesores. Estas leyes y costumbres tradicionales eran entonces bien conocidas y no hubo necesidad de fundamentarlas con argucias dialécticas. Mas, en los días de Hilel iniciáronse años de inquietud para el país de Judea. Habíase desencadenado la desdichada guerra entre los dos hermanos Johanán Hircano y Aristóbulo por la posesión del trono. El águila romana fué llamada como árbitro y gracias a su intervención el pueblo judío perdió para siempre su independencia, cayendo finalmente bajo el yugo férreo de los romanos.

Esa terrible, prolongada y sangrienta guerra fraterna, en la que perdieron su vida millares de judíos y todo el país estuvo al borde de la ruina total, terminó con la extinción de la dinastía asmonea. El reino judío pasó a manos de un extraño, hijo de un edomita judaizado por la fuerza: Herodes el Terrible o el Grande.

No es éste el lugar para hacer una semblanza de Herodes el Grande, parecido en muchos aspectos al zar ruso Iván el Terrible. Bastará con dejar sentado aquí que Herodes no gustaba de andar con muchos rodeos con sus enemigos. No sólo mató a todos los asmoneos, incluso a su propia esposa, para que de este modo no apareciesen nuevos pretendientes al trono, sino que asesinó también a todos los sabios del Sanedrín. No podía perdonarles el que, años antes, cuando él era simple general en Galilea, hubiesen intentado condenarlo a muerte. Herodes, al ser encumbrado, se vengó de ellos de la manera más cruel.

Claro está que una época tan turbulenta no era propicia para la investigación de la Tora. Los sabios fueron asesinados, el prestigio del Sanedrín desapareció, muchas leyes cayeron en el olvido y se corría el riesgo de que "la Tora fuese olvidada — como expresa el Talmud—hasta que Hilel el Anciano la hizo retornar de Babilonia".

Cuando Hilel regresó a Palestina, el país ya estaba más o menos pacificado. Los fariseos, que jamás reconocieron a Herodes y al que llamaron siempre "abda" (esclavo), se aislaron completamente de la vida política y se enterraron dentro de los cuatro codos de la "halaja". Esta actividad de los fariseos le importaba bien poco a Herodes y por eso los dejó en paz. La persona más apropiada para ello era justamente Hilel. Era un hombre tranquilo, pausado y bondadoso, que no gustaba actuar en política y que consideraba que la finalidad más elevada en la vida era el refinamiento y el ennoblecimiento del hombre; su único objetivo consistió en predicar el amor al prójimo. Tal era Hilel, especie de conde de Tolstoy de aquel entonces. A tales hombres generalmente no les temen demasiado los gobernantes. Herodes, al parecer, podía soportarlo, y por eso Hilel fué nombrado "Nasi".

*

Los métodos implantados por Hilel en la investigación de la "halaja" son siete. Más tarde Rabí Ismael los elevó a trece. Los treinta y dos métodos de Rabí Eliezar fueron suplementos que se relacionan más bien con el "Midrasch Hagada".

I.—El primer método es "kal vejómer". "Kal" significa ligero, liviano, "jómer" equivale a difícil, arduo. Con esa fórmula se expresa, pues, que una cosa ardua puede ser deducida de otra más leve. Es decir, que si la cosa leve está prohibida, con más razón lo debe estar la cosa más grave, aun cuando la prohibición de esta última no esté especificada expresamente. Ilustrémoslo con un ejemplo: El día sábado es considerado como más sagrado que otro feriado cualquiera. De ahí que todo lo que esté prohibido de hacerse en un día de fiesta, está prohibido, con tanta más razón, el día sábado. En este caso, el día de fiesta es el "kal" (la cosa liviana) y el sábado es el "jomer" (la cosa más difícil). Que todo lo prohibido de hacerse en un día de fiesta está prohibido de hecho el sábado, representa la consecuencia lógica de la lenidad del día de fiesta y de la severidad del sábado.

Todo "kal vejómer", como cualquier silogismo, se compone de tres proposiciones: dos premisas y una conclusión. En nuestro ejemplo las partes serían estas:

a) Primera premisa: Un día de fiesta es más liviano que el sábado.

b) Segunda premisa: Una determinada prohibición rige para el día festivo.

c) Consecuencia: Esa prohibición rige necesariamente para el sábado.

Claro está que en todo silogismo la consecuencia sólo puede ser exacta cuando las premisas son verídicas; si éstas son falsas, es posible demostrar lógicamente cualquier absurdo. La falla no será de la lógica, sino de las premisas en que se funda el edificio lógico.

Otro tanto ocurre con el "kal vejómer". Previamente se debe estar seguro de que las dos cosas de que se habla están entre sí en relación de lo más liviano a lo más arduo. Si, por ejemplo, en nuestro caso, pudiese demostrarse que el día de fiesta es en uno o más puntos más riguroso que el sábado, todo el "kal vejómer" quedaría anulado. Porque admitiendo que el día de fiesta sea más severo en un solo punto, es posible que lo fuere también en otro. Cuando un "kal vejómer" es rechazado por este último motivo, recibe el nombre técnico de "Pirca dedina" (Refutación de la ley).

En el Talmud se encuentran a menudo "kal vejómers" absurdos, rechazados de plano allí mismo, pues las premisas resultan ser inexactas. En las disputas dialécticas que giran en su torno se pone en evidencia frecuentemente un ingenio lógico muy acentuado.

Los talmudistas entreveían perfectamente la posibilidad de tales "kal vejómers" sofísticos y limitaron por eso la importancia de este método en relación con las leyes deducidas por su intermedio. Estas restricciones son tres:

1) La ley deducida no debe ser, en relación con la cosa rigurosa, más severa que la ley original con la más liviana. En nuestro caso dado, la prohibición que rija para el sábado no puede ser más rigurosa que la que rige para el día de fiesta.

2) De un "kal vejómer" solamente se puede deducir una prohibición, pero no un castigo.

3) De una ley tradicional no se puede inferir otra ley mediante un "kal vejómer".

II. — El segundo método se denomina "Gzeira schova", que equivale, literalmente, a "parte igual" o "resolución igual". Este método consiste en una analogía de expresiones en distintos lugares de la Tora. Técnicamente este método se emplea en el

Talmud de dos maneras: Primero, para esclarecer una expresión poco clara de la Tora, sin deducir por eso una nueva ley; segundo, para comparar dos leyes diferentes de la Tora que contienen la misma palabra, a fin de que los detalles especificados en una rijan también para la segunda.

La primera manera se denominaba "aprender lo desconocido de lo conocido". En la Tora, verbigracia, se lee: "Mortificaréis vuestros cuerpos". ¿Qué se quiere decir con el término "mortificaréis"? ¿Con qué se ha de mortificar los cuerpos? Pues bien, existe un versículo que dice: "Y te ha mortificado y te ha hecho pasar hambre". Aquí es evidente que "mortificar" significa pasar hambre. Por consiguiente, la expresión "mortificaréis vuestros cuerpos", dicha en conexión con el Iom Kipur (Día de las Expiaciones), significa, pues, pasar hambre. En consecuencia, el día de Iom Kipur está prohibido comer.

La segunda forma de "Gzeira schova" puede ser ilustrada con la siguiente historia que se encuentra en el Talmud (*Tratado Pesajim,* 66). Ocurrió que la Pascua cayó en día sábado. Los "Benei Betira", que eran a la sazón los presidentes, no sabían si se podía ofrecer el holocausto de Pascua el día sábado o no. Hilel el Anciano, que había llegado entonces de Babilonia, se pronunció por la afirmativa, de conformidad con la siguiente "gzeira schova":

Está escrito que se sacrifique el holocausto de Pascua a tiempo, y está también escrito que se sacrifique el holocausto cotidiano a tiempo; y así como la expresión "a tiempo", aplicada al holocausto cotidiano, predomina sobre el sábado, así también la expresión "a tiempo", dicha en lo tocante al holocausto de Pascua, predomina sobre el sábado.

Naturalmente, semejantes analogías de expresión podían dar lugar con frecuencia a abusos; por eso los talmudistas creyeron necesario ajustar el empleo de la "gzeira schova" al siguiente tenor:

1) Para establecer una "gzeira schova", una de las expresiones iguales, por lo menos, debe estar de más. En este caso se llama "libre por un lado"; y tanto mejor si ambas expresiones están de más, en cuyo caso se llama "libre por ambos lados".

2) Nadie tiene el derecho de deducir una ley de su propia "gzeira schova". Esta debe ser conocida y tiene que haber sido transmitida tradicionalmente de generación a generación.

III. – El tercer método es "Binian Av", cuya versión literal sería "construcción de una ley principal" o generalización. Esto significa que una ley especial está contenida dentro de otra especial, es decir, que ha sido generalizada para que sea válida para todos los casos análogos. Para ello sólo hace falta que se investigue el fundamento de la ley especial; y si este fundamento puede también ser válido para otros casos, esa ley es aplicable a todos los casos pertinentes.

Tomemos un ejemplo:

Dice la Tora que si alguien saliese con su compañero a cortar leña en el bosque y su hacha se le cayere de la mano e hiriese a su amigo, el cual moriría a causa del golpe, el homicida deberá huir a las ciudades de refugio, por haber cometido involuntariamente ese homicidio. Los talmudistas hicieron de esta ley un "Binian Av" y establecieron multitud de casos parecidos en que el homicida involuntario debía huír. Analizando la ley de la Tora, arribaron los talmudistas a la conclusión de que el homicida involuntario debía escapar a las ciudades de refugio únicamente en los casos en que el homicidio se hubiese efectuado en un lugar público, al que la víctima haya podido tener acceso, razón por la cual el homicida debía, en consecuencia, proceder con cuidado. Mas, si el homicidio involuntario hubiere ocurrido en jurisdicción del homicida, éste era totalmente inocente, ya que no tenía por qué esperar que en su predio apareciese un individuo desconocido. He aquí el texto talmúdico: Así como el bosque (especificado por la Tora) es un sitio al que tienen acceso tanto el damnificado como el causante del daño, así también es todo lugar al que pueden penetrar tanto el damnificado como el causante del daño (por lo que el homicida involuntario debe huir a las ciudades de refugio); se excluyen de esta regla los lugares en que la víctima no puede entrar; allí el homicida involuntario está exento de culpa.

En el ejemplo citado, el "Biniam Av" se hace a base de un solo versículo, pero también puede hacerse a base de dos; es decir, que dos leyes aisladas pueden también ser generalizadas, lo que constituye el cuarto método.

IV. — Cuando un "Binian Av" se establece en base a dos versículos, se demuestra previamente en qué se diferencian entre sí; luego se demuestran las particularidades características que poseen ambos. Estas últimas son las causas en razón de las cuales una ley determinada es válida igualmente para los dos. La consecuencia se funda en que todos los casos que tienen las mismas particularidades características, pertenecen a la misma categoría, por lo que la ley respectiva es también válida para ellos. La fórmula talmúdica que rige para este caso es como sigue:

"Este no es igual a aquél y aquél no es igual a éste; ambos, empero, poseen las siguientes particularidades.......... En consecuencia, todos los casos que poseen las mismas particularidades .... etcétera.

V. – El quinto método es "Klal uprát" y "Prat uklál". "Klal" quiere decir generalización; "prat", particularización. Una ley está formulada en líneas generales cuando tiene un carácter general y es válida para muchos casos análogos; contrariamente, una ley está redactada en sentido particular, cuando rige para un solo caso aislado.

En la Tora se encuentran leyes que empiezan con una generalización y que terminan con casos aislados; hay también allí leyes que empiezan con casos particulares y terminan con una generalización. La primera forma se denomina "Klal uprát", es decir, que primero viene lo general y luego sigue lo particular; la segunda forma se llama "Prat uklál", o sea, que primero viene lo particular y luego lo general.

Consideran los talmudistas que en todos los casos en que la ley empieza con una generalización y concluye con un caso aislado, la intención del legislador ha sido limitar la ley para que sólo sea válida para el caso aislado respectivo. En el lenguaje talmúdico eso se expresa así: "Klal uprát, ein biklál elo ma schebeprát".

El ejemplo que sigue lo va a explicar:

En la Tora se establece: "Cuando alguno de vosotros quiera ofrendar a Dios holocaustos de animales, ofrezca su holocausto de ganado y ovejas". Al decir "animales", la Tora generaliza, pues se refiere a toda clase de animales; cuando, por otra parte, dice "ganado y ovejas", señala una particularidad, porque determina a qué especies se alude con la palabra animales. Por eso los talmudistas llegan a esta conclusión: "Ganado y ovejas puedes ofrecer como holocausto, pero no otros animales".

Cuando la ley empieza con un caso aislado y termina con una generalización, admiten los talmudistas, por el contrario, que la intención del legislador ha sido generalizar la ley. En ese caso ella no sólo rige para lo particular, sino para todo lo que es incluible en la regla. En tal caso lo particular sólo constituye un ejemplo. En el lenguaje talmúdico eso se expresa así: "Prat uklál, naase haklál moisif al aprát umarebinan haklál".

Véase un ejemplo que lo ilustra:

En la Tora está escrito: "Y así harás con tu asno, y así harás con tu vestido y así harás con todo lo que a tu hermano se le perdiere". Cuando la Tora habla de un asno o de un vestido, eso constituye un caso particular; cuando añade: "con *todo* lo que a tu hermano se le perdiere", eso ya es una generalización. Por eso afirman los talmudistas que al propietario se le debe devolver no sólo su asno extraviado o su vestido perdido, sino cualquier otra cosa que se le hubiese extraviado. (*Baba Metzía,* 27).

VI. – El sexto método se denomina "keiótze bo bemokem ájar", lo que significa literalmente "análogo a eso en otro lugar". Con esta fórmula se indica que un versículo se explica porque en otro sitio se encuentra otro análogo, cuyo significado es más claro.

VII. – El séptimo método es "Davar halamed meiniano", algo que se aprende de su contenido. Cuando una palabra o un giro de algún versículo no es suficientemente claro, debe ser entendido según el orden del asunto del cual se habla.

Los siete métodos de Hilel forman los caminos fundamentales que se emplean en el Talmud para investigar y fundamentar las leyes nuevas. Sobre la base de estos métodos ha elaborado Rabí Ismael sus conocidos "trece métodos según los cuales se investiga la Tora". La diferencia entre ambos es insignificante, pues Rabí Ismael sólo añade algunas variantes al método del "Klal uprát".

Los treinta y dos métodos de Rabí Eliezer rigen, conforme se ha dicho más arriba, principalmente para la Hagada, pero también ellos incluyen los trece métodos de Rabí Ismael.

Aparte de esos métodos, existen otros, surgidos más tarde. En su mayoría son exclusivamente idiomáticos; ciertas palabras, como ser "rak" (mas), "gam" (también), "eth" (con), que en el fondo no pasan de ser preposiciones y no pueden tener un significado especial, son empleadas, sin embargo, por algunos talmudistas para deducir nuevas leyes. Este método lo empleó sobre todo Rabí Akiba. Pero estas leyes no son obligatorias para todos y algunos talmudistas se niegan a reconocerlas, sosteniendo que "dibra Tora kelaschon bené adám", es decir: la Tora habla en el lenguaje de los hombres.

Capítulo V

SCHAMAI, HILEL Y SUS DISCIPULOS

Antaño, refiere el Talmud (*Sanedrín,* 88), no se producían entre los judíos muchas disidencias, ni grandes discrepancias en lo que atañe a la interpretación de la Ley. Cada ciudad contaba con un Sanedrín de veintitrés miembros, en el que se dilucidaban todas las cuestiones que se presentaban. En los casos en que el Sanedrín local se hallaba en duda, el asunto era sometido al Gran Sanedrín de 71 miembros que funcionaba en la Sala Cuadrada del Templo de Jerusalén y que resolvía por mayoría de votos; la sentencia que dictaba el Gran Sanedrín sentaba jurisprudencia. Mas, desde que empezaron a multiplicarse los discípulos poco instruídos de Schamai y de Hilel, comenzaron a abundar las divergencias y la Tora llegó a ser algo así como dos Toras.

Esta afirmación del Talmud coincide plenamente con los hechos históricos. Es verdad que la Ley Oral tuvo siempre sus adversarios empedernidos; primeramente los helenistas y más tarde los saduceos; en cambio, entre sus partidarios y defensores, o sea entre los fariseos, reinó una completa unanimidad de pareceres. Schamai e Hilel fueron los dos primeros fariseos entre quienes se produjeron discrepancias en cuestiones de la Ley.

Las polémicas y divergencias entre Schamai e Hilel mismos fueron, es verdad, muy escasas. No pasaron en total de cinco "halajas" (leyes), de menor significación por lo demás. Pero ello acarreó la primera división, y con el andar del tiempo las disidencias se fueron acentuando, a tal punto que alcanzaron entre sus discípulos (la "Escuela de Schamai" y la "Escuela de Hilel") a más de trescientas. Gracias a este hecho, los discípulos de Schamai y de Hilel imprimieron para siempre su sello al carácter general del Talmud. Los tanaítas posteriores, y, más tarde, los amoraím, ya no conocían claramente las "halajas', lo que dió lugar a que nacieran nuevas e infinitas disensiones. De ahí que el Talmud no haya subsistido como un código preciso y claro; convirtióse más bien en una especie de antología en la que se ventilan y se debaten en forma casuística todos los asuntos relativos a la Ley, sin arribarse las más de las veces a una decisión definitiva.

Múltiples fueron las causas que provocaron esta escisión en las filas de los fariseos; algunas de ellas deben ser buscadas en la situación político-social de la época; otras, por el contrario, residían en las respectivas personalidades de Schamai e Hilel, sobre quienes habían influído en forma muy diversa los nuevos acontecimientos.

Las continuas guerras y revoluciones en la época de los últimos asmoneos motivaron necesariamente que muchas "halajas" que no pudieron ser anotadas y que sólo se transmitían oralmente, por tradición, fuesen olvidadas. Luego vino el terrible Herodes, que asesinó a los últimos sabios hebreos, de manera que la tradición quedó totalmente interrumpida.

El Sanedrín de setenta y un miembros, considerado como la máxima autoridad en cuestiones de legislación, ya no tenía la grandiosa significación que tuviera antes. Por un lado, habíase dividido en dos fracciones. Una, partidaria del "Nasi" Hilel, y la segunda, que se inclinaba por el Presidente del Tribunal, Schamai. Por otra parte, Herodes lo había privado de gran parte de su autoridad. El sanguinario Herodes, que no se daba tregua en asesinar a gente inocente, no podía confiar en que un Sanedrín integrado por personas como Schamai e Hilel fuese un instrumento ciego en sus manos para sancionar sus desmanes. En consecuencia, creó sus tribunales particulares, una especie de Sanedrín propio, en el que actuaba de presidente el Sumo Sacerdote, uno de esos Sumos Sacerdotes a quienes Herodes imponía esta elevada dignidad cada vez que lo creía necesario y en los cuales podía confiar plenamente. Por medio de este Sanedrín ejecutaba Herodes todos sus actos indignos. El resultado fué que el Gran Sanedrín perdió por completo su valor político y se convirtió en una especie de academia.

Mas, no sólo fué despojado de sus libertades políticas el pueblo; también la situación económica fué empeorando cada vez más. Con el fin de conservar su autoridad despótica, Herodes se vió obligado a crear un ejército permanente en pie de guerra. Pero como sabía que el pueblo lo odiaba y despreciaba, no confió en él y buscó soldados mercenarios extranjeros. Además, esforzábase en agradar a los emperadores romanos mediante abundantes y espléndidos regalos. Entregóse asimismo a la construcción de suntuosos edificios. Todo esto requería mucho dinero, el que se extraía del pueblo empobrecido por medio de nuevas y pesadas gabelas.

Los sacerdotes, por su parte, no se quedaban atrás. Valiéndose de la fuerza, "incitando contra el pueblo a sus esclavos armados de palos", percibían, por la violencia, tributos y diezmos. Esto, naturalmente, provocó gran descontento entre el pueblo. Sobre todo eran odiados los recaudadores de impuestos, los cuales no se detenían ante los recursos más brutales con tal de obtener los tributos. Los recaudadores eran considerados como gente de la peor calaña; la palabra "recaudador" llegó a convertirse en un insulto, y hasta fueron excluídos como testigos. El odio a los recaudadores se encuentra no solamente en el Talmud, sino también en los Evangelios. El pueblo, como organismo, estaba demasiado oprimido, demasiado pobre y abatido, para pensar en una revolución contra el férreo poder de un Herodes. Pero acá y allá, entre las montañas y en las cuevas, se refugiaban grupos de patriotas que alentaban a la población, incitándola a la acción, a la resistencia, no sólo contra Herodes, el "servil", y contra su dinastía, sino también contra los romanos, a quienes culpaban, con razón, de sus desdichas. Algunos, arrastrados por su odio contra el gobierno, fueron tan lejos que predicaron contra toda autoridad en general, enseñando que "no se debe llamar a nadie *señor mío,* excepto a Dios". Otros, por el contrario, vieron en aquellos tiempos difíciles el comienzo de la redención, el advenimiento del Mesías. Entre estos últimos hallábase Juan Bautista, que profetizaba la llegada del reino de Dios y exhortaba al pueblo al arrepentimiento.

Estos sucesos repercutieron naturalmente sobre el antiguo Sanedrín, transformado ya en una especie de academia, en la que Schamai e Hilel eran los que daban el tono. Diversas fueron las influencias que esos acontecimientos ejercieron sobre estos dos dirigentes.

Hilel, hombre bondadoso y tranquilo, intensamente humanitario y amante de la paz, interesábase muy poco en la vida política. No estaba formado de la pasta que produce revolucionarios; era demasiado frío, demasiado sereno para eso. Comprendía perfectamente la imposibilidad de librar con éxito una batalla contra Herodes y sus poderosos amigos, los romanos. Sabía perfectamente que tamaña revolución podría acarrear la extinción total del pueblo judío y por eso predicaba la mesura y se empeñaba en amoldarse a las condiciones políticas imperantes. Al parecer, había renunciado enteramente a la esperanza de que el pueblo pudiese recuperar en breve su independencia política. Creía que la existencia de la nacionalidad judía dependería no ya de su independencia política, sino de su cultura, de su religión. De ahí que aplicara toda su energía a una obra cultural.

Como tal tuvo Hilel una marcada inclinación por contemporizar, por hacer concesiones. Esta tendencia suya se observa no sólo en lo que atañe a Herodes, sino también en sus opiniones religiosas y morales. El principio rígido no era importante para él cuando estaba en juego el bienestar de la sociedad. En aras del bien social hasta llegó a implantar cosas abiertamente opuestas a la ley de Moisés, como ser, verbigracia, el "prozebol" (1).

Todo el mundo conoce la historia de aquel extranjero que quiso convertirse al judaísmo a condición de que le explicaran la Tora mientras estuviese parado en un pie. El severo Schamai, rígido en sus principios, no quiso saber nada de eso y expulsó al futuro converso, increpándole: no era posible aprender la Ley en un pie, debía conocer la Tora si quería ser judío. Hilel, por el contrario, encontró una solución dándole la célebre respuesta: "Lo que a ti no te agrade, no se lo hagas a tu prójimo. Esta es toda la Tora, y

(1) Según la ley de la Tora, no se podía exigir una deuda cuando hubiese transcurrido el año sabático. Debido a esto, el dinero prestado quedaba perdido, lo que dió lugar a que la gente se negase a hacer préstamos. Por eso Hilel estableció el "prozebol", documento especial otorgado por un tribunal rabínico que aseguraba la deuda.

lo demás son comentarios. Vete y estudia". Esta contestación involucraba cierta concesión, pues no es exacto que aquello constituyese toda la Tora. La expresión misma encarnaba también cierto compromiso, puesto que la Tora exige mucho más: *Amarás a tu prójimo como a ti mismo.*

En el Talmud (*Sábado,* 31), se cuenta de otros dos conversos al judaísmo que habían ido a ver previamente al anciano Schamai, quien los expulsó con insultos, mientras que Hilel los recibió afablemente. Uno de esos conversos quiso abrazar el judaísmo con tal de que lo nombraran Sumo Sacerdote; el segundo, por su parte, sólo quiso reconocer la Ley escrita, pero no la oral. También en estos dos casos Schamai se atuvo a sus principios inflexibles, mientras que Hilel entró en un compromiso.

No tiene importancia si estos relatos responden a hechos históricos o si son leyendas posteriores; en todo caso constituyen elementos de juicio para comprender la personalidad y la concepción del mundo de Schamai y la de Hilel.

*

Es absolutamente inexacto que Schamai haya sido un hombre irascible y misántropo, conforme podría inferirse de algunos pasajes del Talmud. Ocurrió con Schamai lo que ha sucedido frecuentemente con muchos grandes hombres que lucharon por una causa histórica condenada a desaparecer. Las generaciones posteriores, sin comprenderlos, crearon toda suerte de leyendas en su torno.

En su vida privada Schamai era probablemente tan afable como Hilel. Una de sus enseñanzas, recogida en el tratado "Abot", reza:

"Recibe a todo hombre con afabilidad". Pero como hombre público tenía Schamai cualidades bien distintas de las de su coetáneo Hilel. Era, ante todo, adversario de todo compromiso; el principio, la ley, estaba para él por encima de todo. La tradición era sagrada para él y no quería apartarse de ella ni en un ápice. Esto, claro está, hizo que no reconociera los nuevos métodos establecidos por Hilel el Anciano en la investigación de la Tora. Todas las disidencias entre Schamai e Hilel, y más tarde entre sus respectivos discípulos, provienen generalmente del hecho de que Schamai se atuvo enteramente a la tradición, mientras que Hilel y sus adeptos concedían al mismo tiempo mucho valor a las "costumbres", y en todas las ocasiones en que la tradición no era suficientemente clara o no coincidía con las nuevas circunstancias, confiaban en la razón, en la lógica.

Schamai no era de aquellos que predican agua para los demás mientras que ellos mismos beben vino. A sí mismo se imponía una conducta severísima, mucho más austera que a los demás. A un hijito suyo lo obligó a ayunar en el Día del Perdón, y cuando su nuera dió a luz un niñito durante la fiesta de las Cabañas, hizo colocar la cama dentro de una cabaña ("suca"), a fin de que el recién nacido cumpliera también con el precepto de estar en la cabaña.

Naturalmente, tales imposiciones pueden aparecer enteramente raras y bárbaras en nuestros días. Pero en tiempos de Schamai tenían una importancia esencial. Aquello constituía una especie de protesta contra el afán de contemporización e involucraba el cálido deseo de conservar la integridad y la pureza del tipo nacional. De ahí que las costumbres populares y las tradiciones fuesen consideradas sagradas. Es de hacer notar que en todas las épocas en que la nación judía se encontraba en peligro, los sabios hebreos se empeñaron en defenderse contra ese peligro decretando nuevas obligaciones y estableciendo nuevas dificultades. Así, por ejemplo, ocurrió con los "jasidim" (piadosos), quienes ante la presión demasiado fuerte del exterior, libraron una batalla contra los helenistas, que eran siempre los que suavizaban las leyes, ya que en esa forma creían asegurar la existencia de la nación. Así conviene observar que fué Schamai, el severo Schamai, quien autorizó a hacer la guerra el día sábado; en este caso le tocó hacer justamente el papel de suavizador.

Esta ha sido también la causa de que Schamai y sus discípulos fueran tan contrarios a la judaización de los extranjeros: querían, de esta manera, conservar la pureza de la raza judía. No hay duda que el célebre dicho: "Los extranjeros son como la lepra sobre el cuerpo de Israel", proviene de los schamaítas. Es posible también que con esta actitud suya con respecto a los extranjeros hayan querido expresar su odio y desprecio por Herodes y su dinastía.

Según relata el Talmud, reinaba una amistad absoluta entre los discípulos de Schamai y los de Hilel, si bien discrepaban en muchos puntos. Sin embargo, se refiere un caso en que los discípulos de Schamai agredieron con sus espadas a los de Hilel, obligándolos a someterse. Tratábase entonces de las célebres dieciocho prohibiciones; de ellas, muchas eran muy antiguas, como, por ejemplo, la relativa a la impureza fuera del territorio palestinense. Cuando los tiempos eran tranquilos, nadie hacía cuestión de ellas, pero cuando sobrevenían días difíciles, volvían a ser puestas en vigor.

La intención de esas dieciocho prohibiciones era distanciar lo más posible a los judíos de los pueblos circundantes, especialmente de los romanos, con quienes estaban estrechamente ligados Herodes y sus herederos. Estaba prohibido comer de su pan, beber de su vino, usar su aceite, emparentarse con ellos. Esto constituía una especie de protesta política. Para los discípulos de Schamai estas prohibiciones tenían tanta importancia que no vacilaron en emplear la violencia contra los partidarios de Hilel. Veían los schamaítas, en estas restricciones, un recurso para la conservación de la nacionalidad y por eso consideraron a los hilelitas como traidores, por negarse éstos a aceptar su parecer. Estas prohibiciones tuvieron más bien un carácter nacional y político, antes que religioso.

Claro está que el gobierno de Herodes y sus sucesores no podían contemplar con indiferencia esta actividad, sobre todo porque buena parte de la Escuela de Schamai incitaba al pueblo a la revolución, a arrojar de sí el duro yugo del "edomita" y de los romanos. Millares de schamaítas fueron ultimados mediante toda clase de crueles torturas, sin éxito alguno, según costumbre. De los sepulcros de los mártires surgían nuevos combatientes: eran los discípulos de Schamai, convertidos más tarde en jefes de los revolucionarios conocidos con el nombre de zelotas. Fueron ellos los que actuaron como jefes de esos héroes admirables que con tan indescriptible valor, con tan inusitada fuerza, con tantos sacrificios libraron durante tanto tiempo y en forma tan tenaz esa terrible y desesperada guerra contra las innumerables legiones de Roma que terminó con la segunda destrucción de la independencia nacional judía.

"Por su fruto se conoce el árbol". Los zelotas que lucharon hasta su última gota de sangre por la independencia de su pueblo fueron discípulos de Schamai. En cambio, ese dudoso héroe que según la leyenda, se introdujo sigilosamente en la ciudad sitiada para gestionar ante el general romano la concesión de la ciudad de Iabne como centro para estudiar y difundir la Tora, no era otro que Raban Johanán ben Zacai, discípulo de Hilel. Es verdad que los acontecimientos históricos ulteriores demostraron que Raban Johanán ben Zacai estaba en lo cierto; que, después de todo, su "centro cultural" preservó al pueblo judío de la extinción total; sin embargo el hecho no deja de ser característico.

Precisamente porque los discípulos de Hilel fueron tan clarividentes y supieron prever con toda sangre fría que la guerra contra los romanos resultaría infructuosa, justamente por eso quedó establecido que ellos tenían razón, y la ley quedó como la fijara la Escuela de Hilel. La mayoría de los schamaítas perecieron en la gran guerra.

Se conocen trescientas dieciséis disidencias entre los partidarios de Schamai y los de Hilel. Buena parte de ellas se relacionan con asuntos de pureza e impureza, en los que los schamaítas fueron casi siempre los que establecían dificultades, ya que el propósito de esas leyes consistía, como ya se ha dicho, en aislar al pueblo judío de sus vecinos. Vienen luego las discrepancias relativas al sábado y a las fiestas, encarnadas en cincuenta leyes; también aquí los schamaítas son los más exigentes en todas las cuestiones menos en seis. En asuntos de agricultura, cuestiones de familia y de intereses pecuniarios y holocaustos, las disensiones son menores, siendo de observar que los casos en que los schamaítas admiten facilidades aumentan proporcionalmente.

Hoy en día resulta, naturalmente, muy difícil descubrir el principio básico de cada una de esas divergencias. En tesis general puede, empero, admitirse la razón que hemos señalado más arriba y que resumimos a renglón seguido:

Los adeptos de Schamai cuidaron ante todo de la existencia de la nación en su territorio propio. A su modo de ver. la Tora solamente sería cumplida si los judíos disfrutasen de una vida nacional y política propia. Eran, conforme se expresa el Talmud, "estaduales", es decir, que tenían fe en que sólo en un Estado propio podría conservarse el tipo de la nacionalidad hebrea. Por eso fueron siempre los más exigentes en todos aquellos asuntos que tenían por finalidad el aislamiento del pueblo judío.

Los partidarios de Hilel, por el contrario, creían que el pueblo judío puede, en el peor de los casos, prescindir de un territorio; con la Tora sola bastaba, según ellos. La pureza de la raza no tiene tanta importancia, los que se plegaban al judaísmo eran bien recibidos, cuanto más conversos al judaísmo, tanto mejor. De ahí la necesidad de hacer accesible la Tora para todos los pueblos; lo importante no era la letra, sino la intención interna. Los schamaítas aspiraban a hacer la Tora más nacional; los adeptos de Hilel querían hacerla más universal.

Capítulo VI

JESUS EN EL TALMUD

Sobre Jesús, fundador del cristianismo, encuéntranse en el Talmud relativamente pocas noticias, y las que sí existen tienen un valor histórico muy escaso.

Y eso no tiene nada de extraño. Jesús no es una excepción en este sentido. Las referencias históricas del Talmud son, de un modo general, muy magras, y, además, no son exactas. El Talmud es, ante todo, un código que alude a hechos históricos solamente cuando hacen falta para fundamentar alguna "halaja", una ley.

Así, por ejemplo, de todas las grandiosas victorias alcanzadas por los asmoneos en su lucha libertadora contra los griegos, el Talmud sólo sabe contar cierta historieta legendaria de un cántaro de aceite. Si tuviéramos que aprender la historia judía exclusivamente del Talmud, ignoraríamos que ha existido alguna vez un Judá Macabeo. Las dos o tres historietas que el Talmud trae acerca de Johanán Hircano y del rey Janeo evidencian que los talmudistas sabían muy poca cosa acerca de ellos, pues atribuyen a uno sucesos que habían acaecido al otro.

Por lo demás, no debe olvidarse que Jesús fué en vida una personalidad harto insignificante; desempeñó un papel reducido y ejerció una influencia muy pequeña en la vida de su pueblo. Agitadores y predicadores como él, empeñados cada cual a su modo en mejorar la inaguantable situación del pueblo, existieron en abundancia en Palestina en aquellos días turbulentos. Judas de Galilea y sus discípulos, Menahem el esenio y sus secuaces, los zelotas, Juan el Bautista y más tarde Jesús fueron todos productos de aquella época de transición. Como en todos los períodos en que la humanidad se encuentra en una encrucijada, surgieron toda clase de sectas y de partidos, algunos de los cuales tenían un carácter puramente político, mientras que otros, en cambio, representaban movimientos genuinamente éticos. El joven y entusiasta soñador del lejano villorrio de Nazaret no llamó, al parecer, mayormente la atención de sus coetáneos, siendo ésta la causa por qué se habla de él tan poco en las fuentes antiguas.

El cristianismo empezó a propagarse y a convertirse en una potencia formidable mucho tiempo después de la muerte de su fundador, cuando sus discípulos, gracias a la influencia de San Pablo (Saúl de Tarsis), se pusieron a divulgar el Evangelio entre los pueblos circundantes, contrariando así los deseos primitivos del mismo Jesucristo, quien afirmó que había sido enviado únicamente a los hijos (es decir, a los judíos). Sus discípulos recogieron todas las noticias que podían encontrar acerca de la vida y la actividad de su maestro, las adornaron con toda suerte de milagros y así nacieron los relatos que constituyen los Evangelios. Algunos de esos relatos eran también conocidos por los judíos, quienes los ornamentaron a su manera, explicando los susodichos milagros como obra de brujería y del Espíritu Maligno.

Los relatos sobre Jesús que contiene el Talmud, lo mismo que los que encierran los Evangelios, no fueron escritos por los contemporáneos de Jesús, sino mucho más tarde: los talmúdicos fueron compuestos alrededor del siglo III o IV y su finalidad fué polémica: combatir a los judeocristianos. Claro está que se debe confiar bien poco en esos relatos si se quiere emplearlos como material histórico, del mismo modo como tampoco se puede tener fe en las versiones demasiado favorables del Nuevo Testamento.

La historia relativa al nacimiento de Jesús es un invento posterior. Surgió cuando los cristianos empezaron a sostener que Jesús había nacido del Espíritu Santo. Contra esta divinización alzóse la leyenda judía acerca del nacimiento ilegal de Jesús. En el Talmud mismo, en todo caso, se encuentran escasas alusiones sobre el particular. Conviene observar aquí que los primeros cristianos, sobre todo los judeocristianos, jamás creyeron en el origen divino de Jesús; sólo veían en él al Mesías, al redentor tan largamente ansiado. Fueron los cristianos paganos los que dieron en considerarlo como Hijo de Dios.

Los primeros judeocristianos diferenciábanse en general muy poco de los judíos genuinos. Cumplían todos los preceptos casi tan celosamente como los mismos fariseos, y en algunos sentidos eran más piadosos aún, practicando las costumbres de los esenios, a quienes les unía un parentesco estrecho. El mismo Jesús enseñaba que no había venido para modificar la Ley, sino para robustecerla. Ordenó a sus discípulos que fuesen más piadosos que los fariseos (S. Mateo, V. 20).

Durante mucho tiempo se produjeron disidencias entre los judeocristianos y sus correligionarios paganos. Los primeros se circuncidaban y no comían alimentos ritualmente impuros, mientras que los segundos, encabezados por el antiguo fariseo San Pablo, abolieron todos los preceptos religiosos. Acerca de estas contiendas pueden encontrarse huellas en el mismo Nuevo Testamento, como por ejemplo, en "Los hechos de los Apóstoles", capítulo XI.

El hermano de Jesús, Santiago, vivía entre los judíos y era muy piadoso. Según Josefo, los fariseos protestaron vehementemente cuando fué sentenciado a muerte por un Gran Sacerdote saduceo. En síntesis, en un comienzo las relaciones entre los judíos y los judeocristianos fueron más o menos cordiales.

Más tarde, cuando triunfó el elemento pagano y el cristianismo se disgregó totalmente del judaísmo, cuando los judeocristianos desdeñaron del todo la Ley judaica y la nacionalidad judía y se mezclaron con los extraños, empezó a cundir el odio, que se vigorizó más aún cuando los cristianos se pusieron a perseguir a sus antiguos hermanos, los judíos.

La actitud del Talmud con respecto a Jesús no es muy amistosa, naturalmente, pero tampoco es tan hostil como podría esperarse. En las leyendas más antiguas hasta se nota una inclinación más o menos simpática hacia el fundador del cristianismo.

En el tratado *Guitin* (cap. 57) se refiere que un sujeto, valiéndose de la hechicería hizo salir desde su fosa a Balaam para preguntarle quiénes eran, en el mundo de ultratumba, los hombres más descollantes y si valía la pena convertirse al judaísmo. Contestóle Balaam que los más destacados eran allí los judíos, pero sin embargo le aconsejó no tener ninguna relación amistosa con los hebreos. Entonces hizo acudir desde su tumba a Jesús, planteándole las mismas preguntas, a lo que contestó: "Los judíos son los más distinguidos; empéñate en hacerles el bien y cuídate de causarles mal, porque el que se mete contra ellos juega con fuego". El Talmud termina el relato con esta advertencia: "¡Mira la diferencia entre un judío pecador y un profeta de las otras naciones!" Aquí Jesús es considerado como judío (es verdad, como judío pecaminoso, digno de pena) que ama a su pueblo.

En el tratado *Ioma* (cap. 66) hasta figura una pregunta que se le formuló a Rabí Eliezer el Grande: "Fulano ¿disfruta de la vida de ultratumba?" (Es opinión de los investigadores modernos que con la palabra "Fulano" se alude a Jesús). Rabí Eliezer se escurre sin dar una respuesta directa, pero el hecho de que se haya producido tal pregunta, basta por sí solo. En aquel entonces la "vida de ultratumba" era un artículo estimadísimo, nada despreciable. El propio Jesús era en este sentido bastante reservado, pues prometía la vida de ultratumba únicamente a los que creían en él.

Todas las noticias que se encuentran en el Talmud acerca de la personalidad, nacimiento, vida y muerte de Jesús, son muy obscuras. De muchos pasajes se infiere que los talmudistas habían confundido a dos personas en una sola: su Jesús es una especie de personalidad compuesta, lo que, por otra parte, se nota también en los Evangelios.

En el Talmud se menciona el nombre de Jesús de Nazaret o Ischu, a quien se llama asimismo "Bar Pandira" o "Pantira"; cítase además a cierto "Bar Soteda", al cual los amoraim ulteriores identificaron con Jesús, explicándolo como "Bar Sotesda", que significa: "hijo de la pecadora" (*Tratado Sanedrín,* cap. 67).

Aquí parece haber un error. Ese "Bar Soteda" fué en realidad otra persona. Fué, probablemente, el profeta que vaticinó la caída de los muros de Jerusalén. Había venido de Egipto y llevaba consigo una compañía de cuatro mil acólitos. Herodes Filipo aniquiló su batallón. Es posible que luego fuese aprehendido y apedreado en Lud, conforme lo relata el Talmud (*Sanedrín,* 67).

Jesús, empero, fué crucificado (y no apedreado) en las cercanías de Jerusalén (y no en Lud).

También el Nuevo Testamento menciona a este profeta de Egipto. Su nombre era Teudas (*Hechos de los Apóstoles,* V, 36), y en otro pasaje (*Hechos,* XXI, 38) un capitán griego acusa a San Pablo de ser "aquel egipcio que levantó una sedición antes de estos días y sacó al desierto cuatro mil hombres salteadores". La leyenda judía, y en parte también la cristiana confundió la huída y el regreso de Teudas o "Bar Soteda" de Egipto con la persona de Jesús, el cual, a su vez, habría huído a Egipto.

Cierto relato del Talmud (*Tratado Sota,* 47) comienza con esta moraleja: "Rechaza siempre con la mano izquierda y acerca con la derecha. No como Elischa, que rechazó de sí a Guejazia con las dos manos, ni como Josué ben Perajia, que rechazó a Jesús de Nazaret con ambas manos". "Cuando el rey Janeo – empieza el relato – asesinó a los sabios, Josué ben Perajia y Jesús Nazareno, su discípulo, huyeron a Egipto, a Alejandría. Restablecida la paz, Simeón ben Schetaj escribió una carta: "De mí, Jerusalén, ciudad santa, a ti, Alejandría, hermana mía. Mi esposo se encuentra en ti y yo soy una triste abandonada". A su regreso entraron en una posada, donde fueron recibidos cordialmente. Josué ben Perajia alabó la posada; a Jesús Nazareno gustóle más la dueña, y dijo: "Rabí, ella tiene ojos hermosos". Josué ben Perajia se encolerizó y exclamó: "¡Malvado!" ¿De esto te ocupas?" Y lo excomulgó. Jesús volvió varias veces, deseoso de arrepentirse, pero Josué ben Perajia no quiso recibirlo. Un día, Jesús llegó en el momento en que su maestro estaba rezando. Hízole seña con una mano para que esperara. Jesús, empero, creyendo que volvía a rechazarlo, salió a la calle, colocó un ladrillo y empezó a adorarlo".

Todo este relato carece del más mínimo valor histórico. Lo único interesante es que Jesús de Nazaret es considerado como discípulo de Josué ben Perajia, quien vivió justamente un siglo antes de la era vulgar. Habría huído a Egipto no por causa de Herodes, que quería ultimarlo como futuro Mesías, según lo refiere el Evangelio, sino por causa del rey Janeo, que quería asesinar a todos los fariseos, y entre ellos a Josué ben Perajia y a su discípulo Jesús de Nazaret.

En otro pasaje del Talmud (*Sanedrín*, 43), en el que se habla de la muerte de Jesús, se dice que era un allegado al trono, una figura destacada en los círculos gubernamentales. Es evidente que esto no podía afirmarse respecto del Jesús Nazareno histórico, quien, por el contrario, era perseguido por las autoridades.

Acerca de su muerte se aduce en varios pasajes que Jesús fué lapidado (muerte genuinamente judía), mientras que en otros se sostiene que fué ahorcado (muerte no judía).

Como se ve, la cuestión es compleja y confusa. Una sola cosa es segura: los contemporáneos de Jesús no dejaron noticias a su respecto. Los talmudistas ulteriores, que sí escribieron sobre él, no sabían nada a ciencia cierta y confundieron, al parecer, diversas épocas y distintas personas.

*

Contra las doctrinas de Jesús Nazareno nada podían objetar los talmudistas, por cuanto casi todas las enseñanzas morales y las parábolas que figuran en los Evangelios, particularmente en el célebre "Sermón de la montaña", encuéntranse también dispersas en distintos lugares del Talmud, no sólo en su contenido, sino frecuentemente con las mismas expresiones e idénticos ejemplos. No quiere decir esto que los talmudistas las tomaron de los Evangelios o viceversa. Eran más bien enseñanzas y máximas generalmente conocidas y comúnmente admitidas. El orador de la Montaña las empleó en sus discursos del mismo modo como las empleaban los oradores talmúdicos.

No es éste el lugar para extendernos sobre esta cuestión ni para traer todas las enseñanzas paralelas que se encuentran en el Talmud y en los Evangelios. Sólo mencionaremos algunos casos, por vía de ejemplo.

Jesús decía: (*S. Mateo,* VI, 26): "Mirad las aves del cielo, que no siembran, ni siegan, ni allegan en alfolíes; y vuestro Padre celestial las alimenta. ¿No sois vosotros mucho mejores que ellas?"

Rabí Simeón ben Eliezer (*Tratado Kiduschin,* cap. 83): "¿Has visto alguna vez animal o ave que tenga oficio? Y sin embargo son alimentados sin dolor; y eso que han sido creados para servirme. Yo, que he sido creado para servir a mi creador, debo, con más razón, ser alimentado sin dolor".

Jesús Nazareno dice (*S. Mateo,* VI, 19, 20): "No os hagáis tesoros en la tierra, donde la polilla y el orín corrompe y donde ladrones minan y hurtan; mas hacéos tesoros en el cielo, donde ni polilla ni orín corrompe y donde ladrones no minan ni hurtan".

El Talmud refiere (*Tratado Baba Batra,* cap. 11): "Sucedió que el rey Munbaz invirtió en un año de hambre todos los tesoros y todos los caudales de sus padres en favor de los hambrientos. Su familia empezó a hacerle reproches, y él replicó: Mis padres han ocultado abajo, y yo he ocultado arriba... Mis padres han escondido allí donde puede llegar la mano del hombre; yo, donde la mano del hombre no puede llegar... Ellos han ocultado algo que no trae frutos; yo, una cosa que trae frutos... Ellos han ocultado para otros; yo, para mí"...

Jesús enseñaba (*S. Mateo,* VII, 1): "No juzguéis, para que no seáis juzgados. Porque con el juicio con que juzgáis, seréis juzgados".

Lo mismo se encuentra muchas veces en el Talmud: "Conforme juzga el hombre a otros, así lo juzgan a él".

La expresión: "¿Por qué miras la mota que está en el ojo de tu hermano, y no echas de ver la viga que está en tu ojo?" (*S. Mateo,* VII), se encuentra asimismo un par de veces en el Talmud: "El le dice: Saca la mota de tus ojos". En el Talmud aparece otro giro similar: "Primero adórnate a ti y luego adornarás a los demás".

La tesis de que no hay que contestar las injurias se encuentra también en el Talmud: "Los que son ofendidos y no ofenden, y oyen cómo se les injuria y no contestan, brillarán siete veces más que el sol".

Jesús enseñaba: "Y el que diga al prójimo "infame", caerá en el fuego del infierno".

El Talmud enseña (*Tratado Baba Metzia,* cap. 58): "Quien difama a su compañero no sale del infierno". En lo tocante a ofender y agraviar al prójimo, el Talmud es mucho más severo que Jesús (*Baba Metzia,* 58, 59).

La lucha contra Jesús y los cismáticos sólo empezó al adquirir la supremacía el elemento pagano, gracias a la actividad de San Pablo, quien rechazó los preceptos de orden práctico, separándose de esta manera definitivamente del judaísmo. Al mismo tiempo nació la creencia en la divinidad de la persona de Jesús (concepto puramente pagano). Los talmudistas vieron en eso, y con razón, un peligro para la religión judía. Emprendieron por ello una lucha contra estos dos puntos, implantando nuevas disposiciones y prohibiciones que tendían a alejar al pueblo de los heréticos y de sus maestros.

Establecióse la prohibición de mantener relaciones con los judeocristianos, de emparentarse con ellos, de comer de su "schjita" (matanza ritual), de emplear su pan, su vino y aceite. Un rollo de la Ley escrito por un cismático debía ser quemado, en parte porque se sospechaba de que lo hubiese adulterado.

Implantáronse muchas costumbres nuevas aboliéndose algunas de las antiguas, a fin de que los cristianos no tuvieran pruebas para afianzar sus opiniones.

Toda insinuación sobre la "doble divinidad" era perseguida rigurosamente. De la lucha entre el monoteísmo judío y el politeísmo pagano surgió entre los primeros judeocristianos el gnosticismo, análogo por muchos conceptos a la cábala teórica. De este modo se intentaba explicar la trinidad y la divinidad de Jesús. Esta tendencia dentro de la filosofía, que bebía su savia de la escuela alejandrina, fué muy combatida. El odio contra la "sabiduría helénica" tornó a revivir.

La "mischna" en el *Tratado Berojoth,* 33, que reza: "El que dice (en sus oraciones): "Te apiadaste del nido de un pájaro", o "que tu nombre sea recordado para bien", o "agradecemos, agradecemos, y se le hace callar", esta "mischna" está dirigida contra los cismáticos, los cuales sostenían que los atributos de Dios son solamente la bondad y el amor, y por consiguiente, no eran partidarios de los demás preceptos prácticos. Los talmudistas, en cambio, para quienes todos los preceptos eran igualmente importantes, aseguraban que los atributos de Dios son inexplicables y que todas las prohibiciones eran imposiciones. El decir, por otra parte, dos veces "agradecemos", originaba la sospecha de que el que lo decía, creía en una divinidad doble.

A causa de los cismáticos se estableció también que inmediatamente después de decir: "Oye, Israel, Dios nuestro Dios es único", se dijera asimismo "bendito sea Su nombre para la eternidad" lo que significaba que El no ha tenido ni tendrá otro igual a sí.

Antiguamente, junto con la oración de "kriath schmá" se recitaba también el Decálogo, pero luego éste fué suprimido, para que los cismáticos no infirieran de ello que los Diez Mandamientos eran lo esencial del judaísmo.

Aquí resta agregar que esta lucha estuvo dirigida tan sólo contra los primeros cristianos, quienes se consideraban más o menos judíos y vivían en medio de éstos. En cuanto a los cristianos paganos, los judíos no tenían con ellos trato, ni veían en ellos un peligro especial para la existencia de su credo.

Capítulo VII

LA ACADEMIA DE IABNE

El Templo quedó destruído, el enemigo hundió su espada en pleno corazón del pueblo judío. Hacía mucho, mucho tiempo que Palestina había dejado de ser el país de Israel, para convertirse en una simple provincia romana. Pero en tanto que subsistía el Templo, el pueblo judío seguía sintiéndose como en su propia casa, seguía creyendo y esperando que llegarían tiempos mejores. Porque Dios no iba a destruir su propia casa, ni expulsar a sus hijos de su tierra. La mano del ebrio soldado romano que puso fuego al grandioso y espléndido Templo causó también la ruina en el alma del pueblo. Los guerreros se desanimaron y decepcionaron. El destino del pueblo judío quedaba sellado.

Hacía muchísimo tiempo que los hijos de Israel se hallaban en el cautiverio entre los pueblos vecinos; el país de Judea era demasiado pequeño, estaba demasiado empobrecido y oprimido para poder alimentar a todos sus hijos. Los judíos tenían ya entre sus manos el cayado del errante y emigraban en masa a Siria, Egipto, Roma, Grecia y a otros países distantes. Pero, mientras el Templo existía en Jerusalén, todos esos errantes y expulsados se sentían unidos; el Templo hacía que se consideraran como un solo pueblo. En el destierro vivían con su país, con su ciudad sagrada, con el Templo, centro ideal de su cultura nacional. Sus corazones palpitaban a la par del corazón del pueblo todo. Mas, con la destrucción del Templo derrumbóse también el símbolo de la integridad y unidad del pueblo.

Era aquel un período terrible para el pueblo judío, cuya existencia misma se hallaba en peligro. El peligro no consistía tanto en que centenares de miles de hebreos fueran asesinados y cayeran en la grandiosa revolución contra los romanos; en que decenas de miles fueran vendidos como esclavos y a las mancebías; en que centenares de los más distinguidos y cultos jóvenes israelitas se vieran obligados a pelear en la arena con leones hambrientos, para así proporcionar un placer a sus torturadores; no era ahí donde residía el peligro, ya que un pueblo entero no puede ser aniquilado en esta forma. Todas estas crueldades eran inevitables en aquellos bárbaros tiempos, constituían un aspecto de la guerra. En forma parecida se hacían entonces todas las guerras. Los romanos no trataron mejor a los demás pueblos que subyugaran. Al contrario, podría decirse que demostraron cierta magnanimidad hacia los judíos, a muchos de los cuales autorizaron a quedar en su país. Cincuenta años más tarde Roma hasta les confirió permiso para reedificar el Templo. Las persecuciones contra los judíos fueron acentuadas y adquirieron un carácter severo después de la segunda revolución frustrada, dirigida por el heroico Bar Cojba.

Como decimos, no residía ahí el peligro. Este consistió más bien en que los judíos habían perdido el centro en torno del cual pudiesen agruparse y llevar su vida propia, conforme a su cultura característica.

En aquellos días aciagos acudió en su ayuda Rabí Johanán ben Zacai con su Academia talmúdica de Iabne. Habiendo sido uno de los que no tenían fe en el éxito de un levantamiento contra los romanos, abandonó oportunamente Jerusalén y se radicó con algunos de sus discípulos en Iabne, pequeña localidad de la costa del Mediterráneo. No creyendo en la posibilidad de una vida política independiente para el pueblo judío en un porvenir cercano, dióse a la tarea de fortificar y difundir la Tora, tal cual la entendían los fariseos.

En realidad, Rabí Johanán ben Zacai no creó nada nuevo, no formuló nuevos ideales que entusiasmasen y vivificasen al pueblo. Sólo trató de afianzar y ampliar ese espléndido edificio espiritual, cuyos fundamentos habían colocado siglos atrás los "Hombres de la Gran Asamblea". Comprendió que, destruído el Templo, quedaba un solo centro capaz de unificar a los judíos, y era la Ley, la Ley Oral, la cultura judía típica.

Y no se equivocó. Iabne convirtióse al poco tiempo en el nuevo centro en torno del cual se organizó la vida del pueblo judío.

Para acreditar a los ojos del pueblo el prestigio de Iabne, sostuvo Rabí Johanán ben Zacai que Iabne era tan sagrada como la misma Jerusalén, y por eso implantó allí todas las costumbres que se practicaban en la capital.

La primera y más importante de sus afirmaciones consistió en que el Sanedrín o Triunal de Iabne era tan sagrado como el antiguo Sanedrín que funcionaba en el Templo de Jerusalén. No era el lugar que santificaba al Sanedrín, sino el Sanedrín el que santificaba el lugar.

Cuando el Templo jerosolimitano aun existía, se tocaba el "schofar" (corneta) si el día de Año Nuevo caía en sábado, mientras que en las ciudades de provincia no se hacía eso. Rabí Johanán ben Zacai dispuso que en el caso dado se tocara el "schofar" en todas partes.

En el Templo se empleaba la rama de palmera ("lulov") durante los siete días de Pentecostés, mientras que en las ciudades de provincias sólo era empleada un solo día. Rabí Johanán ben Zacai ordenó que en Iabne se procediera como en el Templo.

En el Templo los sacerdotes iban descalzos mientras bendecían al pueblo; lo mismo se implantó en Iabne. Estas y otras disposiciones tuvieron por finalidad colocar a Iabne a la misma altura que Jerusalén.

Lo único que faltaba en Iabne eran los holocaustos. Pero éstos hacía tiempo que ya no desempeñaban el mismo papel que en la antigüedad, en la época del primer Templo. Gracias a los profetas, que hicieron una propaganda activa contra los holocaustos, aun en tiempos del primer Templo, y a la implantación práctica de las oraciones por parte de los Hombres de la Gran Asamblea, aquella forma del rito, o sea, el sacrificio de holocaustos, ya no era tan apreciada por el pueblo. La opinión de Rabí Johanán ben Zacai acerca de los holocaustos puede inferirse del siguiente relato talmúdico: "Un día, Rabí Johanán ben Zacai salió de Jerusalén y tras de él venía Rabí Josué. Al divisar el Templo derruído, exclamó Rabí Josué: "¡Ay de nosotros, porque el sitio donde se perdonaban los pecados judíos está destruído!" A esto replicó Rabí Johanán ben Zacai: "No te duelas por ello, hijo mío; tenemos otro camino para redimir nuestros pecados y es el de hacer obras de beneficencia".

Rabí Johanán ben Zacai pertenecía a la "Escuela de Hilel", y lo mismo que los fundadores de ésta, eludió toda participación en la política; sentíase satisfecho con dedicarse en aquellos tiempos difíciles al estudio y difusión de la Ley judaica, ya que la grandeza y las esperanzas del pueblo de Israel residían únicamente en ella. Resulta así característica su máxima, que figura en el tratado talmúdico intitulado "Enseñanzas de los Padres": "Si has aprendido mucha sabiduría, no te enorgullezcas por ello, porque para eso has sido creado".

Muy pocas son las leyes directas de ben Zacai que se encuentran en el Talmud. Pero su influencia sobre el desarrollo ulterior de la Ley Oral fué, sin embargo, de suma importancia, en parte debido a sus nuevas ordenanzas, y sobre todo gracias al crecido número de sus discípulos. Ellos fueron los pilares sobre los cuales se basó todo el edificio talmúdico.

De las escasas disertaciones de Rabí Johanán ben Zacai diseminadas a través de la literatura talmúdica se infiere que atribuía mayor peso a los buenos sentimientos, a la amistad, a la concordia entre el hombre y su prójimo, que a las ceremonias religiosas. En sus discursos se percibe con frecuencia un alma humanitaria, generosa y cordial. Citaré a continuación algunas de sus máximas más características: "Hasta las piedras (del altar), que no ven, ni oyen, ni hablan, no pueden ser tocadas por el hierro, sólo porque ellas establecen la paz entre los hombres y Dios. Un hombre que hace la paz entre marido y mujer, entre familia y familia, entre individuo e individuo, puede con tanta más razón estar seguro de que no le sucederá desgracia alguna". Otro dicho suyo: "¿En qué se diferencia la oreja de otros miembros del cuerpo humano? (Al esclavo judío que se negaba a abandonar a su amo, cuando le vencía el término, se le horadaba la oreja). Porque Dios ha dicho: "la oreja que me oyó proclamar en el monte Sinaí: "Todos los hijos de Israel son siervos míos", y ha ido y ha adquirido otro amo, esa oreja debe ser horadada".

En su trato con los no-judíos era Johanán ben Zacai sumamente afable. Al respecto refiere el Talmud: "Cuentan de Rabí Johanán ben Zacai que era siempre el primero en saludar a cualquiera, hasta a un no-judío". En cuestiones de caridad y de fraternidad humana colocaba a los judíos y a las demás naciones en un pie de igualdad.

Como discípulo verdadero de Hilel el Anciano, trataba con igual afabilidad a los conversos al judaísmo y hasta implantó una regla que facilitaba la judaización de los interesados.

Claro está que su amor a las doctrinas de Hilel trajo como consecuencia que el tribunal de Iabne proclamara que "la ley era tal cual la había fijado la "Escuela de Hilel". Según la leyenda, un eco del cielo había salido y ordenado así.

No se sabe con precisión cuánto tiempo permaneció Rabí Johanán ben Zacai en Iabne. Una sola cosa, empero, es evidente: que no desempeñó allí el principado hasta su muerte. Por causas no del todo conocidas, abandonó Iabne y se radicó en un pueblecillo perdido llamado "Berur Jail". Allí pasó sus últimos años, mientras que su lugar en Iabne era ocupado por Rabán Gamaliel.

Este Rabán Gamaliel estaba lejos de igualar en sabiduría a Rabí Johanán ben Zacai; en cambio, era de mejor abolengo y hombre rico, además. El hecho de ser biznieto de Hilel y de descender de la dinastía de David le acarreó gran distinción y mucho respeto entre el pueblo. Por eso la gente lo consideraba como la persona más adecuada para el importante cargo de Príncipe o "Nasi". No hay que olvidar que el "Nasi" no sólo decidía las cuestiones puramente religiosas, sino que disponía además de gran autoridad en asuntos profanos. El sostenimiento de la "corte" del "Nasi" requería grandes egresos, de modo que un hombre rico cuadraba mejor para ese cargo. Mas, quizás sea también posible que el gobierno romano haya ayudado a Rabán Gamaliel en su aspiración de ser "Nasi".

Sea como fuere, el principado de Rabán Gamaliel no introdujo grandes modificaciones en Iabne. Deliberadamente o contra su voluntad, veíase impelido a seguir los pasos de su antecesor. Es verdad que Rabán Gamaliel no era, por su idiosincrasia, un hombre del pueblo como lo fuera Rabí Johanán ben Zacai. Era un aristócrata y en algunos casos se inclinaba más bien hacia las doctrinas de los partidarios de Schamai. Prácticamente, empero, poco pudo hacer en este sentido, pues la mayoría de los adeptos y discípulos de ben Zacai habían quedado en la Academia de Iabne y ejercían un influjo tan considerable sobre los jóvenes sabios, que Rabán Gamaliel nada pudo hacer contra ellos, aunque lo hubiese querido. El hecho es que tramaron efectivamente una especie de revolución contra Rabán Gamaliel, despojándolo durante algún tiempo del principado.

*

Iabne se convirtió en el nuevo centro de la vida judía. Allí residía el Príncipe y allí se encontraba asimismo la sede del Sanedrín, el "Tribunal de Iabne", el tribunal supremo del país.

Allí se decidían todas las cuestiones de la Ley, así religiosas como profanas. Funcionaba también allí la Academia talmúdica más importante del país, donde los jóvenes estudiantes se preparaban para su futura actuación como maestros y conductores del pueblo en su vida social y religiosa.

Una de las obras más importantes de la Academia de Iabne consistió en recopilar y anotar las leyes, con el objeto de que no fuesen olvidadas. Esto se hizo principalmente con las que se referían al servicio religioso en el Templo y que eran obligatorias solamente en Palestina, como ser las que tratan de la "schmita" (año sabático), del jubileo, de la "impureza" y las de carácter criminal. Todas estas leyes carecían de aplicación práctica y estaban expuestas, por consiguiente, a ser olvidadas con el correr de los años. Los recopiladores de dichas leyes eran por lo general individuos que habían visto personalmente cómo ellas se aplicaban en el Templo, cuando aun existía.

Esta compilación de leyes no fué sancionada entonces en forma oficial, es decir, que la Ley Oral continuaba siendo una enseñanza verbal que no debía ser anotada. Mas, con el tiempo estas compilaciones resultaron de suma utilidad para Rabí Judá el Príncipe y su Academia, que fueron quienes compusieron la Mischna. La Academia de Iabne fué la que preparó el material con que se edificó la Mischna.

Todas las leyes antiguas, así como las más recientes, suscitadas por las nuevas circunstancias, debían fundarse en el texto o en el sentido de la Ley mosaica. Esto se logró por medio de los "métodos" introducidos por Hilel y de los que ya se ha hablado en el capítulo precedente. A estos métodos se añadieron otros nuevos. Era aquella una época en que se dedicó mucho tiempo y energía a los métodos para el estudio de la Tora. Entre estos metodólogos, si así cabe expresarse, figuraban Nejunia ben Hacono, Nahum Isch Gam-Zo, Nehemías Haamsoni, y más tarde Rabí Eliezer y Rabí Akiba y otros más. Estos nuevos métodos no se basaban en ningún fundamento lógico, sino en las particularidades del lenguaje de la Tora. Había quienes colgaron montañas enteras de leyes y de decretos sobre una letra o palabra superflua de la Tora. Otros, en cambio, no creían en estos métodos, pues, decían: "la Tora habla en el lenguaje de los hombres", los cuales repiten en ocasiones la misma palabra dos o más veces, y por eso no hay que atribuir tanta importancia al idioma. Aquí cabe observar que hasta los partidarios de aquellos métodos sólo los consideraban como un medio para cierto fin, cual era el de vincular la Ley de Moisés a la vida real.

Unir la Tora con la vida, he ahí la finalidad esencial que persiguieron siempre los conductores del pueblo judío. Este fué el caso de los Hombres de la Gran Asamblea, de los fariseos en la época en que aun existía el Templo y de los sabios posteriores a la destrucción de Jerusalén. Para alcanzar este objetivo llegaron incluso a abolir alguna ley de la misma Tora, o bien le atribuyeron un sentido que la hacía más amoldable a los nuevos tiempos y a las circunstancias nuevas.

No veían en esto una contradicción a la Tora, porque creían que ésta les había conferido licencia para hacerlo; sostenían que el dicho de la Tora: "E irás a los jueces de aquellos tiempos", significaba que ella concedía autoridad a los jueces de cada generación para juzgar de acuerdo con su respectiva época. Fijaron por ende, como uno de sus principios esenciales, que "un tribunal puede extirpar una ley de la Tora". Naturalmente, esta licencia podía ser empleada únicamente en casos excepcionales, cuando el abandono de una ley mosaica era indispensable para la conservación de la Tora misma. De ahí que hayan dicho: "Cuando el tiempo lo requiere para Dios (es decir, en bien de la ley), puede abolirse algo de la Tora".

Muchas de las nuevas disposiciones que tenían carácter religioso fueron introducidas con el afán de alejar al público de algo que prohibía la Tora. Numerosos trabajos, por ejemplo, no podían ser ejecutados el día sábado sólo porque, si ellos se hiciesen, se harían otras faenas, vedadas por la ley mosaica.

Otro principio fundamental que siguieron al implantar las nuevas leyes y ordenanzas, era que no debía prohibirse nada que pudiese acarrear grandes perjuicios al pueblo o bien aquello que no podía ser llevado a la práctica. Establecieron por eso que "no se pueden fijar prohibiciones que la mayoría del pueblo no puede afrontar".

Si existía alguna prohibición que el pueblo no cumplía, no se podía imponerla en contra de la voluntad popular. En estos casos la regla era: "Déjalos en paz, a los judíos; más vale que violen la ley sin saberlo, que sabiéndolo".

En los casos en que la ley no era clara, había que ver cómo procedía el pueblo. En algunos casos la costumbre predominaba sobre la ley.

Cuando la causa que había provocado cierta ley desaparecía, quedaba también abolida esa ley. Esto explica el que encontremos en algunos casos una misma prohibición que ha sido introducida varias veces. Porque toda vez que desaparecían los motivos que habían producido dicha prohibición, quedaba también sin valor esa prohibición. Pero la abolición de cualquiera prohibición sólo le incumbía a un tribunal.

Tales fueron algunos de los principios básicos que siguieron los talmudistas al establecer nuevas leyes.

Iabne se convirtió en la primera gran Academia judía después de la destrucción de Jerusalén. Más adelante el número de las Academias aumentó, pero todas ellas procedieron de conformidad con estos principios esenciales, empleando los mismos métodos y persiguiendo los mismos fines. Todas ellas recibieron su savia de la de Iabne.

Capítulo VIII

ANOTACION DE LA LEY ORAL

Las primeras dos décadas después de la destrucción de Jerusalén los romanos se comportaron más o menos amistosamente con los hebreos, con esa amistad que un pueblo triunfante de aquellos tiempos brutales podía demostrar hacia un enemigo vencido. Se inmiscuían muy poco en los asuntos religiosos de Israel, permitiéndole seguir su propio camino, de conformidad con sus costumbres y tradiciones nacionales, en la medida en que éstas no contradecían el régimen de vida implantado por el Estado. De esta manera esperaban los romanos conquistarse la fe y la confianza de los judíos. En una época en que empezaban a aparecer peligros en diversas regiones del vasto imperio romano, no les convenía a los romanos tener enemigos en sus provincias asiáticas, sobre todo enemigos tan encarnizados y desesperados como lo eran a la sazón los judíos.

La política romana consistía en tratar que los judíos se asimilasen, se mezclasen con el resto de la población, a fin de formar una sólida masa de súbditos romanos, de los que tanta necesidad tenía el imperio. He ahí cómo se expresa sobre el particular Rabí Akiba, uno de los principales jefes de la revolución encabezada por Bar Cojba, poniendo en boca de los romanos las palabras que siguen: "¿En qué consiste la grandeza de vuestro Dios, en cuyo nombre morís y os dejáis matar? Vosotros sois bellos, sois fuertes, venid y mezclaos con nosotros".

Los romanos, empero, tuvieron bien pronto la ocasión de reconocer que con su política aparentemente "amistosa" hacia los judíos iban a conseguir muy poca cosa; comprendieron al punto que el pueblo judío no iba a enajenar su mayorazgo por un plato de lentejas, que no tenía la intención de dejarse absorber por los romanos ni siquiera por el camino de la "bondad" y que seguía siendo el mismo pueblo de "dura cerviz" de antes de la pérdida de su independencia nacional.

Por espacio de unos cincuenta años después de ese cataclismo empeñáronse los judíos en afianzar su existencia nacional. Y para eso se valieron de un viejo y probado recurso: siguieron la ruta largamente recorrida de aislarse más y más de los pueblos circundantes, reduciéndose a sus propios ámbitos. Fortificaron más aún las gruesas murallas que los separaban de sus vecinos; los sabios judíos dedicaron toda su vida, todo su tiempo para recopilar y conservar los antiguos tesoros culturales del pueblo. Aumentó el número de las academias. Nunca como entonces estaba tan extendido el estudio de la ley mosaica.

Pero eso no bastaba. Aquí y allá, entre las vastas capas del pueblo y en parte también entre los sabios, empezaron a brotar nuevamente espíritus revolucionarios, dignos sucesores de los zelotas, los cuales volvieron a pensar en una vida política independiente para su pueblo y se dieron a concebir proyectos sobre la manera de librarse del yugo romano.

Este estado de ánimo revolucionario se desarrolló y tomó fuerza primeramente no en la antigua Palestina, sino en las provincias romanas, en Siria y Egipto. Desde hacía mucho antes de la destrucción de Jerusalén existían allí grandes y florecientes colonias israelitas, cuyo corazón palpitaba a la par de la población palestinense. Después de la ruina del país, agregáronse a ellos muchos de los guerreros fugitivos, amargados y decepcionados, al mismo tiempo que imbuídos de la creencia de que Dios iba a vengarse aún de los romanos. Estos hebreos no se habían acostumbrado todavía a la vida en la diáspora, a una vida deprimente, ni podían soportar la burla de los romanos vencedores y de sus antiguos enemigos, los griegos. Esta fué, probablemente, la causa por la que agredieron a griegos y romanos, matando a muchos miles de ellos.

Mientras las legiones romanas estaban ocupadas en sofocar estas sublevaciones, los judíos de Palestina vivieron en paz. Al parecer, los romanos querían evitar un levantamiento general, mucho más difícil de combatir. Pero tan pronto como arreglaron cuentas con los "sediciosos", se dedicaron a los judíos de Palestina. Lo primero que hicieron fué anular la autorización de reconstruir el Templo que los hermanos Luleinus y Papus habían obtenido. Estos dos hombres públicos fueron asesinados y el "Monte del Templo" fué roturado, para demostrar así que allí no iba a levantarse jamás edificio alguno. Claro está que esto causó gran disgusto entre el pueblo y estaba a punto de estallar una revuelta, si Rabí Josué no hubiese intervenido para evitar un paso demasiado apresurado. Algunos historiadores consideran, sin embargo, que esa fué la verdadera causa de la gran revolución que se produjo bajo la dirección de Bar Cojba.

No es éste el lugar para hacer una descripción de aquellas admirables guerras libradas por Bar Cojba contra Roma. Fué ésa la última gran batalla, el postrer esfuerzo sobrehumano del pueblo judío por su independencia política, por su libertad. Por algún tiempo pareció que lo imposible iba a suceder, que el milagro de los heroicos macabeos volvería a repetirse en la persona del valiente Bar Cojba. Mas aquello sólo fué la última llamarada de una vela que se consumía, la postrer mirada lúcida de un agonizante. Dos años y medio duró esa guerra, dos años y medio tuvo que luchar el gigante con el enano hebreo antes de vencerlo pero finalmente lo venció.

La "Destrucción de Beter", como denomina el Talmud a esa insurrección, fué mucho más terrible, más cruel que la ruina de Jerusalén, y sus consecuencias fueron también más horribles La excitada águila romana decidió exterminar de una vez por todas al pueblo judío, al pueblo inquieto y rebelde. Para lograr este objetivo, los romanos hicieron dos cosas. Se empeñaron, en primer término, en que los judíos no quedasen sobre su territorio y, en segundo lugar, que no conservasen su cultura, su religión.

Pero, en tanto que la primera finalidad la lograron los romanos, ya que los hebreos fueron ahuyentados de su tierra y quedaron privados para siempre de un suelo propio, el segundo objetivo, en cambio, no fué alcanzado por los vencedores. El pueblo empedernido se mostró apegado a su Tora, pese a todas las persecuciones y restricciones, a pesar de todas las penurias que hubo que soportar. Aunque el cuerpo de Rabí Akiba fué desgarrado, en vida, con tenazas de hierro, por seguir estudiando la Tora, esto de nada valió, porque el anciano sabio exhaló su último aliento lanzando el viejo grito de "Oye, Israel, Dios nuestro Dios, es el único Dios". Los romanos prohibieron que se confiriese el título de rabino. Deseosos de quebrantar las vetustas costumbres hebreas, decretaron que todo aquel que otorgase u obtuviese ese título, fuese matado y que la ciudad donde se confiriese fuese destruída (*Sanedrín*, XIII). Prohibieron, bajo la pena de muerte, estudiar la Tora. Sin embargo, hubo un Rabí Jehudá ben Baba que huyó con cinco de sus discípulos entre las montañas, donde les enseñó la Ley y les confirió el título rabínico. Mientras los soldados romanos se dirigían a matar a los "delincuentes", el anciano Rabí Jehudá ordenó a sus discípulos que huyeran. "Rabí —le preguntaron ellos— ¿y qué será de ti?— "¿Yo? —les replicó,— me quedaré aquí como una piedra que no puede ser movida de su lugar". Y añade el Talmud: "Los soldados romanos no se fueron de allí hasta que no atravesaron su cuerpo con trescientas saetas".

Rabí Akiba y Rabí Jehudá ben Baba no fueron los únicos. Las persecuciones de los romanos dieron lugar a que naciera una generación de mártires, una generación de almas grandes que se sacrificaron por sus convicciones, por sus verdades. Los romanos lograron "romanizar" bien poco a los judíos por medio de la sangre, mejor dicho, menos aun que antes con su política aparentemente "amistosa".

Las leyes de excepción contra los judíos se debilitaron con el andar del tiempo, mas no fueron abolidas del todo. Siguieron siendo un arma terrible en manos de los funcionarios romanos, quienes las volvían a poner en práctica todas las veces que necesitaban hacerlo. Así, por ejemplo, las mismas vejaciones fueron reimplantadas en tiempos de Rabán Simeón ben Gamaliel, padre de Rabí Judá el Príncipe. Todo esto trajo como resultado que los sabios judíos se dieran cuenta que para que la Ley Oral no cayese en olvido en aquellos tiempos aciagos, era necesario que fuese anotada, a pesar del principio que tenían de que las leyes verbales no debían ser apuntadas.

Esta grandiosa tarea fué llevada a la práctica por Rabí Judá el Príncipe, más conocido con el nombre de "Rabí" o "Rabeinu Hacadosch". Bajo su dirección y cuidado fué compuesta la "Mischna", en la que se incluyeron todas las leyes posibles, no sólo aquellas que tenían validez en aquel momento, sino también las que no tenían valor práctico alguno, pues sólo eran practicadas en Palestina. Fué aquella una especie de grandiosa enciclopedia de leyes, antiguas y nuevas.

*

Al componer la "Mischna", valióse "Rabí" de los materiales que habían dejado los distintos discípulos de Rabí Akiba y principalmente de la recopilación hecha por Rabí Meier. Este Rabí Meier era uno de los discípulos más destacados de Rabí Akiba y dirigió, más tarde, su propia Academia, en Uscha, en la que estudió también "Rabí". La compilación de Rabí Meier se distinguía por la brevedad y claridad del lenguaje y porque eludía todo giro casuístico. Quedó sentado por eso el principio de que "Stam Mischna, Rabí Meier", es decir, que toda ley de la Mischna que no indicaba autor, era de Rabí Meier.

La Mischna está dividida en seis "Sedarim" o Tratados. Cada tratado se divide en "Masectas" o Secciones, las cuales, a su vez, se dividen en capítulos o "Perakim".

El primer tratado es el de *Zeraim* (Plantaciones), que recoge todas las leyes relativas al cultivo de la tierra, como, verbigracia, la cuestión de los diezmos, de las obligaciones para los levitas, de los rincones que, con destino a los pobres, se dejaban sin cosechar, etc. Entran también allí las disposiciones referentes a las oraciones y las bendiciones. Los redactores de la Mischna creían que la tierra pertenecía a Dios y que todo lo que sobre ella crece es un regalo de El para los hombres, por el que éstos deben darle las gracias. Por eso incluyeron la sección de las bendiciones en el Tratado de *Zeraim*.

El segundo Tratado se denomina *Moed* (Fiestas) y comprende todas las leyes que atañen al sábado y los días de fiesta. La primera sección es la de "Sábado", donde entran las disposiciones relacionadas con ese día. Siguen luego las leyes que tratan de la Pascua, del Año Nuevo, del Día del Perdón, de Pentecostés, etc.

El tercer Tratado se intitula *Naschim* ("Mujeres"). Ocúpase de las cuestiones relativas a la vida de familia, tales como el casamiento de la viuda sin descendencia con su cuñado, del divorcio, de la consagración nupcial, del contrato matrimonial, etc.

El cuarto Tratado se llama *Nezikin* (Daños). Es una colección de leyes que tienen atingencia con la propiedad, con las relaciones entre patronos y obreros, etc. Entran asimismo allí las antiguas leyes hebraicas sobre delitos castigados con la pena capital. A este tratado se incorporaron más adelante otras pequeñas secciones que nada tienen que ver con la naturaleza de aquél, como ser: las "Enseñanzas de los Padres", "Tratado de los Escribas", etc.

El quinto Tratado, *Kodaschim* (Consagraciones), encierra todas las leyes que se ocupan de los holocaustos. Comprende también las que se refieren a las comidas puras e impuras y al sacrificio ritual de los animales.

El sexto Tratado se denomina *Taharoth* (Purificaciones) y comprende las leyes higiénicas: reglamenta la conducta de la mujer durante el período, el modo de tratar a los leprosos para evitar el contagio, cómo debe procederse con la casa donde haya muerto alguien, así como con las ropas y objetos que haya tocado, etc. En una palabra, las leyes que se relacionan con la desinfección y con la expulsión del espíritu maligno, tal como lo entendían entonces.

Esta clasificación de la Mischna no ha sido formulada por "Rabí". Ella era conocida antes de él, conforme puede inferirse de muchos pasajes del Talmud. Sólo que antes existían colecciones aisladas, pliegos de leyes que trataban de diversos tópicos, mientras que, por obra de "Rabí", todas aquellas compilaciones fueron refundidas en una sola obra.

La tarea principal de "Rabí" consistió, por consiguiente, en recopilar todas las colecciones de leyes que circulaban en las diversas Academias talmúdicas, en compararlas entre sí, en mejorar su lenguaje y en establecer cierta coordinación entre ellas. Esto último sólo lo logró en parte. Ni en el orden que siguen las Secciones, ni en el que están establecidos los capítulos, cabe encontrar ligazón lógica alguna. Esto ya fué observado por los talmudistas ulteriores, los "Amoraim", quienes dejaron sentado por eso que "Ein seder lemischna", esto es, que la composición de la Mischna no se hizo de acuerdo con un plan y un orden fijos. Pero, independientemente de este defecto y de otros menores, inevitables en un tratado de estas gigantescas proporciones, la Mischna sigue siendo una de las obras más grandiosas que produjera el genio judío.

El lenguaje de la Mischna es el neo-hebreo y se distingue por su claridad y aridez. Los asuntos legislativos son demasiado prosaicos para que se pueda usar el idioma bíblico, pletórico de colorido. En cambio, las pocas "Hagadath" (Leyendas) que figuran en la Mischna están escritas en un lenguaje cálido, afectuoso. El carácter de estas leyendas no es tampoco el de las leyendas de la Guemara: son, en su mayoría, aforismos morales, breves y epigramáticos.

En un solo punto se diferencia la Mischna de todos los demás códigos de cualquier tiempo, y es que cita también las opiniones individuales, a pesar de que la ley no se ajusta a ellas. De esto pretenden deducir algunos investigadores que la intención de "Rabí" no fué producir un código que sirviese como tal, sino que se propuso, más que nada, formar una compilación de diversas leyes y opiniones en base de las cuales pudiesen juzgar los sabios de la posteridad. Mas, por el método que siguió "Rabí" en la composición de la Mischna, por el hecho de haber excluído muchas leyes y opiniones, es de inferir que lo que perseguía en el fondo era redactar un código. Sólo incluyó las opiniones individuales en aquellos casos en que él mismo estaba en duda acerca de alguna ley. Así lo entendieron también los primeros "Amoraim", los cuales sostuvieron como principio que "Halaja kestám Mischna", que allí donde la Mischna fija una ley sin mencionar divergencias, la ley subsiste en el sentido indicado por la Mischna.

Según parece, no todos los sabios de la época quedaron conformes con la redacción de "Rabí". Esto se desprende del hecho de que algunos de ellos tenían su propia Mischna; así, por ejemplo, se conoce la "Mischna de Rabí Jia". Los motivos que provocaron esta disconformidad fueron de distinta índole. Algunos consideraban que "Rabí" no había sido suficientemente imparcial, ni en la selección de los sabios en cuyo nombre trae las leyes, ni en la manera de fijar el sentido de las mismas. Muchas leyes excluyólas "Rabí" totalmente de su compilación.

Estas leyes omitidas son conocidas con el nombre de "Biriatoth" en arameo, o "Mischnaioth Jizonith", en hebreo. Más tarde, estas leyes excluídas fueron recogidas bajo el nombre de "Toseftoth", es decir, suplementos. La mayor parte se encuentran diseminadas por el Talmud, en medio de las especulaciones de los "Amoraim".

Este descontento, empero, desapareció totalmente poco después de la primera generación. Efectuáronse, es verdad, nuevas compilaciones de las leyes omitidas, pero la Mischna de "Rabí" quedó subsistiendo como autoridad máxima, si no única, en todos los asuntos relativos a la Ley. En todas partes, en todas las Academias talmúdicas, tanto en Palestina como en Babilonia, la Mischna de "Rabí" se convirtió en el único texto utilizado por los sabios en el estudio de la Ley. Las "Biriatoth" sólo sirvieron para completar y aclarar la intención de la Mischna. Los "Amoraim" ulteriores, que consideraban sagrado todo lo que dijeran los antiguos, incluso las "Biriatoth", dedicaron mucho tiempo y energía para explicar y armonizar las diversas contradicciones entre la Mischna y las "Biriatoth".

*

La Ley Oral quedó anotada; tuvo que serlo para no perderse del todo. Durante muchísimo tiempo los sabios judíos hicieron todo lo posible porque ella no fuera registrada. Temían que, una vez anotada, la Ley Oral perdería con el tiempo su carácter original, el carácter de ley transitoria que puede y debe ser modificada por las nuevas condiciones de los tiempos cambiantes; temían que por el hecho de ser anotada la Ley Oral, ella se perpetuaría, y por eso afirmaron que "las leyes verbales no pueden ser anotadas". Las terribles persecuciones por parte de los romanos que los judíos tuvieron que soportar, por un lado, y la ausencia de una autoridad central válida para todos los judíos de la Diáspora, por el otro, obligaron a "Rabí" a anotar lo que no debía ser anotado, a convertir la Ley Oral en Ley escrita.

El peligro que entrevieron los antiguos sabios judíos llegó a ser una realidad. La Ley Oral quedó perpetuada. La Mischna llegó a ser para los "Amoraim" ulteriores lo que la Ley escrita fué para los sabios primitivos, los Ancianos y los Fariseos, esto es, una cosa sagrada, intangible, una ley eterna que no debe ser alterada jamás. La Ley Oral, movediza, siempre cambiante, quedó petrificada, para emplear la expresión de Ajad Haám.

Y así como los sabios primitivos ahondaban y sofisticaban las palabras de la Tora y añadían montañas de leyes a cada letra, a cada punto de aquélla, así los sabios ulteriores profundizaron y sutilizaron el texto de la Mischna para deducir de él nuevas leyes, nuevas ocurrencias. La consecuencia de todas esas argucias y sofismas, de esa admirable gimnasia intelectual, está representada por la parte del Talmud conocida con el nombre de Guemara, la que sólo constituye, en el fondo, un comentario de la Mischna.

Capítulo IX

LA LEGISLACION DEL TRABAJO

Al hablar de la legislación del trabajo en el Talmud no nos referiremos solamente a los obreros en el sentido estricto de la palabra, o sea a los proletarios, conforme se los denomina ahora. El proletariado, como clase, es un producto de los tiempos modernos, del capitalismo. Y como el capitalismo no estaba desarrollado aún a la sazón en Palestina, casi no existían allí proletarios. La industria se encontraba en embrión; de la gran industria ni hablar cabe. En el estado económico de la sociedad de entonces ella no hacía falta; cada patrón producía por lo general lo que necesitaba para sí, para su familia y sus allegados. La única excepción la constituían los productos rurales, pues ya entonces existían terratenientes en mayor y menor escala. En lo que concierne a otras industrias, cada cual producía para su uso particular y no para la venta. Ni siquiera el artesano producía para el mercado. Trabajaba por encargo. El zapatero fabricaba un par de zapatos cuando se lo encargaban; lo mismo hacía el sastre con el saco, pero no elaboraban zapatos o sacos para la venta. Los artesanos mismos eran los dueños y contaban con muy pocos obreros ("poalim"); sólo utilizaban aprendices.

De ahí que al hablar de la legislación del trabajo empleemos el concepto "obrero" en su sentido más lato. El incluye en sí no sólo a los "poalim" (proletarios), sino también a los artesanos ("umanim") y a los esclavos. Estos últimos eran los trabajadores principales en todo el mundo antiguo, y los judíos no constituían una excepción en este sentido.

La ley mosaica, así como la talmúdica, reconoce dos formas de esclavitud: 1) el esclavo no-judío o "ebed-kenaani" y 2) el siervo judío o "ebed-ivri".

EL "EBED KENAANI"

La esclavitud como institución legal, como forma de vida social, no está combatida por la Ley de Moisés. El legislador humanitario que habla siempre de equidad y de justicia, de misericordia y de amor al prójimo, que ordena amar al extranjero y equipara a todos ante la ley, no ha podido librarse, sin embargo, de los prejuicios de su tiempo. Los hombres de entonces no se imaginaban de manera alguna cómo podría existir una sociedad sin esclavos, del mismo modo como muchísimas personas de nuestra época no pueden imaginarse una sociedad en que no haya capitalistas y proletarios. Hasta un filósofo griego tan eminente como Aristóteles ha asumido, siglos más tarde, la defensa de la esclavitud, afirmando que no es posible que exista una sociedad sin esclavos. En el estado entonces vigente de la convivencia humana la esclavitud era realmente una institución necesaria, indispensable para el desarrollo ulterior de la sociedad humana.

Pero ya en la Ley de Moisés se nota una tendencia a dar al esclavo un trato más afable y más humanitario del que le dieron los demás pueblos de la antigüedad, tales como, verbigracia, los egipcios, los griegos y, más tarde, los romanos. Entre esos pueblos el esclavo era considerado como un objeto que pertenecía al proletario, quien podía hacer con él lo que le placía. Disponía de su vida y de su muerte. Según la Ley de Moisés, en cambio, correspondía una pena por matar a un esclavo, y si el amo lo maltrataba y le hacía saltar un diente o un ojo, el esclavo quedaba por ello en libertad.

La legislación talmúdica sobre la servidumbre es mucho más humanitaria que la de Moisés. Numerosos pasajes revelan claramente que muchos talmudistas estaban disconformes con la esclavitud, mas no podían suprimirla como institución social. Eso no lo permitía la situación económica, y, además, habrían obrado con ello en contra de la Tora, en contra de la Constitución, por así decirlo. En nuestros días vemos cuán difícil resulta implantar leyes nuevas que no concuerdan con la Constitución escrita; vemos con frecuencia cómo los defensores de lo antiguo se empeñan en demostrar que esas leyes no son constitucionales y cómo los defensores de las leyes nuevas se ven obligados a hacer artificios de lógica para atribuir nuevas intenciones a las palabras viejas. En la misma situación, si no más difícil aun, desde que la Ley de Moisés era una Constitución divina, se hallaban los talmudistas. Tuvieron que librar una batalla continua contra la vetusta palabra escrita toda vez que pretendían implantar leyes nuevas que se amoldasen mejor a las nuevas circunstancias y concordasen con los conceptos más refinados del derecho y de la justicia.

Pero al mismo tiempo esa lucha debía llevarse a cabo de tal modo que la intangibilidad de la palabra escrita no fuese alterada. Claro está que en tales condiciones tuvo que surgir una serie de métodos mediante los cuales se trató de encajar las leyes nuevas dentro de las palabras arcaicas.

Los talmudistas no pudieron, por ende, suprimir del todo la esclavitud. Pero, eso sí, hicieron todo lo que estaba a su alcance para imposibilitarla, para convertirla en algo que rindiese cada vez menos. Sin combatir la esclavitud teóricamente, la obstaculizaron grandemente en la práctica. En este sentido procedieron en igual forma que en muchas otras cuestiones en que las leyes de la Tora no concordaban ya con los conceptos nuevos, más humanitarios, como, verbigracia, en la ley del "ojo por ojo", que ellos interpretaron en el sentido de que eso significaba una indemnización en dinero por el valor del ojo.

Por matar a un esclavo corresponde, según la Tora, una penalidad, pero ella no especifica en qué consiste esa pena. Pues bien, los talmudistas lo interpretaron sosteniendo que esa pena era la muerte. Según la Tora, el hacerle saltar a un esclavo un diente o un ojo es causa suficiente para su liberación. De esto dedujeron los talmudistas que no sólo por un ojo o por un diente, sino que cualquiera de otros veinticuatro órganos que fuera dañado constituía un motivo suficiente para la liberación de un esclavo. Hasta si llegasen a cortarle un dedo, el siervo quedaba en libertad. Si el amo le sacaba un ojo y le hacía saltar un diente, quedaba libertado por el diente y debía ser indemnizado por el ojo. Si el amo le sacaba un diente o un dedo con la intención de curarlo, el esclavo quedaba lo mismo en libertad.

Cuando un judío adquiría un esclavo, debía inducirlo a circuncidarse. Pero de ninguna manera podía obligarlo a ello, y si al término de doce meses aquél no había consentido espontáneamente en hacerlo, debía ser vendido a un gentil. Mas, en el caso de que el siervo se hubiese circuncidado, ya no podía ser enajenado a un gentil. Si, en tal condición, hubiese sido vendido, adquiría, por ese sólo hecho, la libertad y el amo judío estaba obligado a rescatarlo del gentil, aun cuando éste pidiese diez veces lo que pagara por él. Si el amo entregaba el siervo a un gentil en calidad de prenda, aquél adquiría por eso la libertad. Si el esclavo era vendido en Palestina con destino al exterior, tornábase libre. Si el amo quería abandonar la Tierra Santa y llevarse consigo sus siervos, debía obtener su consentimiento, y no podía obligarlos a seguirle.

Si el amo hubiese dado a un esclavo una mujer libre por esposa o le hubiese ordenado que se colocase las filacterias o que leyese tres versículos de la Tora o cosas parecidas que sólo un hombre libre está obligado a hacer, el esclavo tornábase libre por ese solo hecho, y su amo era obligado a concederle un documento de liberación.

El gran principio del Talmud es que al comprar un esclavo sólo se adquiría su trabajo, mas no su cuerpo. No había que hacerlo trabajar rudamente, había que darle de comer y de beber de todo lo que comiese o bebiese el amo; no había que injuriarlo ni pegarle; había que escuchar sus quejas y hablar con él afablemente.

El esclavo anciano debía ser respetado. En la Guemara se refiere la historia de un viejo siervo que se tiñó la barba y el cabello y vino a ver a Raba para pedirle que lo tomara. Raba se negó, porque no quería tener esclavos. Entonces el siervo fué a ofrecerse a Rab Papa bar Samuel, quien lo tomó a su servicio. Un día, Rab Papa le pidió que le alcanzara agua para beber. El esclavo fué entonces y se quitó la tintura de su cabello y de la barba y le dijo: "Mira: soy más viejo que tu padre".

EL SIERVO JUDIO

En realidad, la servidumbre de los judíos está prohibida en la Tora. El esclavo judío ("ebed-ivri") era solamente un conchabado por un término de años. Debía servir seis años, y al séptimo salía en libertad. Si el "jubileo" caía dentro de esos seis años, no estaba obligado a servir todo aquel término. El amo no debía hacerle trabajar penosamente, no debía mandarlo como a un esclavo, y al final de los seis años, cuando recuperaba la libertad, debía entregarle obsequios de todo lo que poseía: ganado, cereales y vinos.

También en lo que concierne al siervo judío los talmudistas han ido mucho más allá que la Tora. Establecieron tantas dificultades para el amo que llegó a circular el dicho "El que adquiere un siervo judío es como si adquiriese un amo".

Un judío no podía ser esclavo, porque Jehová ha dicho "Ellos (es decir, los judíos) son mis siervos y no siervos de siervos".

La Tora disponía que se horadase la oreja del siervo judío cuando no quisiese salir en libertad al séptimo año. Esto, por lo visto, era un signo de esclavitud. El Talmud, empero, lo explica de otra manera: "La oreja había oído decir a Dios: "Siervos míos sois y no siervos de siervos", y como él se vendía, por eso debía horadársele la oreja".

El amo no debía ordenar al siervo judío que efectuase trabajos sucios o desagradables; no podía mandarle que le siguiese al baño llevándole los vestidos, ni que le lustrase los botines, ni que hiciese otros trabajos similares. Lo interesante del caso es que un obrero judío libre sí podía hacer esos trabajos "desagradables". Empero, el que se había vendido como siervo, se sentía humillado y caído, por lo que no se podía dejarle hacer trabajos que recordasen la esclavitud (Maimónides: "Tratado de la esclavitud").

El amo no debía en manera alguna mostrarse frente al esclavo como un señor; debía considerarlo como hermano, como un igual suyo. No podía mandarle que hiciera trabajos que no necesitase, ni hacerlo trabajar por otros, ni ofrecerle alimentos distintos de los que él mismo consumía, ni darle pan negro si él lo comía blanco, ni vino nuevo si él bebía vino añejo, ni podía dormir sobre plumas y dejar que el siervo judío durmiese sobre paja; debía vivir con él en la misma casa y permanecer en su compañía.

Si el siervo hebreo tenía mujer e hijos, el amo estaba obligado a proporcionarles todo lo que necesitaban, por más que ellos fuesen totalmente libres.

Todo esto, al parecer, no les bastó todavía a los talmudistas, y con un solo rasgo suprimieron del todo la esclavitud judía. El modo como lo hicieron, sin contradecir la Tora, es muy característico e instructivo. La Tora dispone que el siervo judío debe recuperar la libertad en el año del "Jubileo". De esto infirieron los talmudistas que sólo podía haber siervos judíos mientras hubiese años de jubileo, pero ahora (es decir, en la época talmúdica, después de la ruina del Templo) que el jubileo había sido suprimido, la esclavitud judía debía quedar abolida también de hecho. Porque el jubileo era un privilegio para el siervo hebreo. Si la esclavitud judía persistiese también cuando el jubileo ya no existía, eso significaría que el siervo judío habría perdido un privilegio, lo cual no era admisible.

ARTESANOS O "UMANIM"

Las relaciones entre el patrón y el artesano o "uman" eran las mismas que entre dos personas social y legalmente iguales. La situación social del artesano no era considerada en modo alguno inferior a la del patrón. El artesano era un hombre independiente, que podía llegar a ser a su vez patrón en cualquier momento. Cuando fabricaba, por encargo, un par de zapatos, por ejemplo, era él el artesano; pero si otro hacía para él un saco, él ya era el patrón. No siempre el artesano tomaba el trabajo, de la misma manera como no siempre el patrón era el que lo daba. Con frecuencia y en diversas circunstancias cambiaban de papel. De ahí que en sus relaciones recíprocas, se hallasen en un pie de igualdad, en iguales condiciones; tenían el uno para con el otro los mismos derechos y las mismas obligaciones; ninguno de ellos podía tener privilegios sobre el otro.

El gran principio talmúdico en lo que se refiere a los conflictos que podían surgir entre el patrón y el artesano era que ambas partes estaban igualmente comprometidas por el convenio escrito o verbal que se habían obligado a cumplir estrictamente. La parte que se arrepentía o que quería modificar el convenio debía soportar los daños.

JORNALEROS ("Poalim")

Distinta, empero, era la situación de los "poalim", los jornaleros que se colocaban por día, por semana o por otro plazo cualquiera. Estos obreros, económicamente los más débiles de la sociedad y los menos asegurados, merecían por ello una atención especial de la ley, que los tomaba bajo su amparo.

El principio arriba citado de que quien modificaba un convenio sufría los daños, no era aplicable al jornalero. En este caso el obrero siempre tenía la preferencia. El jornalero tenía el derecho de suspender el trabajo cuando lo quisiese, incluso al promediar el día, y el patrón le debía abonar lo que le correspondía proporcionalmente. Una sola excepción se hacía para los casos en que el jornalero había sido contratado para realizar un trabajo que debía ser ejecutado sin dilación y que no podía ser postergado, en razón de los perjuicios que ello acarrearía o bien cuando no se podía conseguir otros obreros. (Tratado "*Baba Metzia*", 75).

Es interesante la explicación de por qué el jornalero tenía siempre el derecho de arrepentirse y cesar en sus tareas: porque era un hombre libre y no un esclavo.

Cuando alguien contrataba jornaleros y convenía con ellos que vinieran más temprano y se fueran más tarde, es decir, que trabajaran sobrehoras, no podía obligarlos a hacerlo si en aquella región no existía tal costumbre, aun en el caso de que hubiese convenido con ellos un salario mayor que el ordinario. Los obreros podían sostener que se les pagaba más para que ejecutaran el trabajo con mayor cuidado.

La jornada de trabajo se calculaba de sol a sol. El tiempo que invertía el jornalero en llegar al trabajo desde su vivienda corría por cuenta del patrón.

El salario del jornalero debía ser abonado en el acto. Si trabajaba por día, el patrón tenía tiempo para entregarle su paga en el curso de la noche; si era un obrero nocturno, el salario debía ser abonado en el transcurso del día. Si trabajaba por un término mayor, por semana, por mes o por más tiempo, el salario debía ser pagado durante el día en que vencía ese término. La prohibición de retener por la noche el sueldo del jornalero consta ya en la Tora. Los talmudistas hicieron más rigurosa aun esta prohibición, sosteniendo que la retención del salario de un obrero equivalía a asesinarlo. (Tratado "*Baba Metzia,* 112).

Cuando se contrataba obreros y se convenía con ellos en darles el alimento, tenían el derecho de exigir de lo mejor, salvo que se hubiese establecido de antemano lo que les darían de comer. "Sucedió—cuenta la Mischna—que el hijo de Rabí Johanán ben Matías contrató jornaleros y les prometió alimentos. Cuando su padre se enteró de ello, le dijo: "Ni haciendo un banquete como el rey Salomón quedarás bien con ellos, porque son hijos de Abraham, Isaac y Jacob. Ve inmediatamente, antes de que empiecen a trabajar, y diles lo que les darás de comer".

Como ya queda dicho, la industria de aquel entonces se hallaba en un nivel muy inferior. La mayoría de los trabajadores eran obreros rurales que se ocupaban de la fruticultura o del cultivo de cereales. Estos jornaleros podían, conforme a la ley, comer las mejores frutas, cereales y verduras que cultivaban. La Mischna establece expresamente que el obrero podía esperar con la comida hasta que llegase el plato más codiciado y podía comer fruta hasta cuando cada una costaba un "dinar" (moneda de la época). Incluso podía comer por más del valor que le correspondía por su trabajo. La Mischna se limita a aconsejarle que no lo haga, porque obrando de esa manera nadie querrá darle trabajo.

Cuando los jornaleros causaban algún daño en el trabajo, debido a su negligencia, eran responsables, según la ley, pero no había que proceder contra ellos conforme a ésta. A este respecto la Guemara relata lo siguiente: En casa de Raba bar Bar-Jano unos changadores rompieron una barrica de vino, por lo que él les retuvo las ropas. Ellos se fueron a ver entonces al rabino, quien dispuso que les devolvieran las ropas. "Rabí — argumentaron — hemos trabajado todo el día, somos gente pobre, tenemos hambre y no poseemos nada". — "Ve y págales su salario", ordenó el rabino.

En el Talmud no figuran leyes especiales que protejan al obrero y que le aseguren en caso de accidentes. Esto se debía a que, dado el estado primitivo de la vida industrial de entonces, tales accidentes eran casi imposibles. Y si alguna vez ocurría alguno, el caso era tratado según las leyes sobre indemnizaciones en general *(Nezikin)*. Estas leyes no excluían de modo alguno al jornalero accidentado en el trabajo bajo la jurisdicción del contratante.

El principio esencial en lo tocante a indemnizaciones es que "todo aquello de que uno es responsable, debe pagarlo en caso de accidente". La única excepción es cuando el accidente ha ocurrido en jurisdicción del contratante en un momento en que el accidentado no tenía por qué entrar allí. Esta excepción, naturalmente, no era válida para el jornalero, ya que éste penetra en la jurisdicción del contratante con el consentimiento de este último.

El patrón no sólo era responsable por el accidente producido durante el trabajo, sino incluso cuando aquél había ocurrido en el momento en que el obrero acudía para exigir su salario. El patrón no podía sostener que el obrero no tenía nada que hacer entonces en su jurisdicción, puesto que los trabajadores teníān el derecho de venir a pedir su paga al patrón.

La ley sobre este particular dice como sigue: "Si el patrón estaba hachando leña en su propio patio y el jornalero acudió para exigirle su salario y una astilla ha saltado dañándolo, el patrón es responsable. Este no puede alegar que el jornalero había penetrado en una jurisdicción ajena, sin permiso, ya que el obrero tiene el derecho de exigir su salario".

Y cuando el Talmud sentencia que el patrón es culpable, queda entendido que debe pagar por cinco cosas:

1) "Nezek": por el daño permanente que le ha ocasionado, si es que le ha roto una mano, una pierna u otro órgano. En tal caso debe pagarle el importe del miembro dañado.

2) "Tzahar": debe pagarle por los dolores y penurias que el accidentado haya sufrido.

3) "Ripuy": debe pagarle la asistencia médica y los medicamentos.

4) "Schebet": debe pagarle asimismo por haberle incapacitado temporariamente para el trabajo.

5) "Boschet": debe pagarle también por el daño moral que le ha ocasionado.

Si el accidentado fallecía a causa del accidente, el patrón era tratado como homicida involuntario.

*

Indudablemente, la ley talmúdica ha sido influída también en cierto modo por el derecho romano, pero en su esencia constituye un desarrollo ulterior de la ley mosaica. La igualdad ante la ley, la piedad por el prójimo y por el forastero, la protección al pobre y al débil, los derechos del individuo y de la comunidad, tales son las bases principales sobre las que se funda la legislación talmúdica. Con la desaparición del pueblo judío como institución política que pudiese llevar alguna vida jurídica independiente, quedó también interrumpido el proceso de la evolución sucesiva de la ley judía. Todos los códigos redactados después de la clausura del Talmud no son más que repeticiones de las viejas leyes que tratan de las vetustas formas de vida. La ley judía, basada en los principios arriba mentados, no ha tenido ocasión de desenvolverse y de ser aplicada también en la vida moderna, en sus condiciones actuales. Y la humanidad ha salido perdiendo mucho con ello.

Capítulo X

LA PENA DE MUERTE

La ley de Moisés admite la pena de muerte por diversos delitos. No sólo se castiga con ella el homicidio intencional, sino que entre esos delitos hay también algunos que hoy en día, en países civilizados, están exentos de pena, como ser distintas formas de lascivia y bestialidad, delitos contra la moral vigente o contra la religión imperante. El Dios hebreo era el jefe del Estado judío, el rey del pueblo, y cuando alguien intentaba seducir a un individuo o a toda una colectividad para adorar a otro dios, o para incurrir en idolatría, eso importaba en realidad un delito contra el Estado.

Las penas se fundamentan no como un deseo de venganza de parte de la sociedad contra el culpable, sino, en primer término, como un medio de librarse de los elementos dañinos y, en segundo lugar, como una prevención contra los futuros delincuentes. No es éste el lugar para discutir si tales fundamentos son suficientes, desde nuestro *actual* punto de vista, para justificar la pena capital. La sociedad puede acudir a remedios y caminos más humanitarios para hacer innocuos a los delincuentes. Tampoco está probado que la pena de muerte atemorice a los criminales. Pero esto no tiene nada que ver con nuestro asunto. Sólo hemos querido mencionar de paso la teoría de las penas según la ley de Moisés.

Si se compara la legislación mosaica con la de otras naciones contemporáneas, incluso con la ulterior legislación griega y romana, es fácil demostrar que la primera es muy superior en cuanto a sentimientos humanitarios. Al mismo tiempo debe agregarse, sin embargo, que la legislación mosaica en lo tocante a las penalidades dista mucho de nuestros conceptos modernos. Ella es primitiva, pues era la legislación del pueblo judío cuando éste se encontraba todavía en un nivel de cultura relativamente inferior, en un estado más o menos primitivo.

Mas, con el desenvolvimiento ulterior del pueblo judío, particularmente en la época del Segundo Templo, prodújose un cambio fundamental, en el sentido de un progreso, en los conceptos del pueblo acerca del crimen y el castigo. Además del severo sentimiento de justicia y equidad, de la igualdad de pobres y ricos ante la ley, desarrollóse también fuertemente el sentimiento genuinamente humano de la compasión. La vieja ley del talión ("ojo por ojo", "diente por diente"), hacía tiempo que se interpretaba en el sentido de fijar un valor pecuniario por el ojo o el diente. De manera que, al advenimiento del Nazareno con "sus" doctrinas humanitarias, éste lo encontró todo hecho ya. Ni un solo pensamiento, ni una sola expresión, casi, se encuentra en su Sermón de la Montaña que no pueda ser hallado en los escritos judíos. Y si los pueblos cristianos han sido tan poco influenciados por esas doctrinas, ello se debe tal vez al hecho de que el Nazareno y sus discípulos predicaron las doctrinas *abstractas* del amor y de la justicia, sin encarnarlas en leyes. Al rechazar la ley judaica, sus partidarios paganos siguieron conservando sus antiguas leyes crueles El cristianismo fué para ellos nada más que un bello ideal, una teoría abstracta, sin aplicación práctica por medio de una legislación pertinente.

El pueblo judío, en cambio, no se limitó a la simple prédica de esas doctrinas humanitarias, sino que se empeñó en llevarlas al terreno de la realidad. Esto puede colegirse de la legislación y del procedimiento judicial en asuntos criminales, conforme lo establece el Talmud.

Digo "conforme lo establece el Talmud", porque estas leyes y procedimientos tienen su origen en una época anterior. En los tiempos del Talmud los judíos ya no instauraban procesos en que andaba de por medio la pena capital. Ya en las últimas décadas del Segundo Templo, cuando el águila romana habíase abalanzado con todo su poder sobre el debilitado y desangrado pueblo judío, las instituciones jurídicas israelitas no podían aplicarse en causas criminales. Las leyes y costumbres relacionadas con éstas y que se encuentran en la Mischna representan, en realidad, un relato histórico de edades pretéritas, y están, efectivamente, escritas en este sentido. Los talmudistas mismos fueron más lejos aun y sostuvieron que un tribunal que hubiese pronunciado una condena a muerte aunque fuese cada setenta años, habría sido un organismo criminal. Rabí Tarfon y Rabí Akiba declararon que de haberse encontrado ellos en ese tribunal, tal sentencia no se habría producido jamás; es decir, que habrían encontrado alguna chicana para salvar al delincuente.

En teoría, la pena de muerte no fué abolida, ni se alteraron las formas legales de matar. Era imposible hacer tal cosa, pues eso hubiera significado ir en contra de la ley mosaica, en contra de la Constitución. Pero los talmudistas se ingeniaron en formular para testigos y jueces requisitos tan complicados, que en la práctica resultaba imposible toda condena a muerte, conforme lo daremos a conocer someramente.

EL SANEDRIN

Todo proceso que implicaba la pena de muerte debía ser sometido a un tribunal (Sanedrín) de veintitrés sabios. Estos se sentaban en semicírculo, con el presidente en el centro, a fin de que pudiesen observarse mutuamente y contemplar mejor a los testigos mientras deponían. Tres hileras de sabios más jóvenes se ubicaban al lado, cada cual ocupando su sitio y conforme a su rango, a objeto de que, en el caso de no ponerse de acuerdo y de no lograr la mayoría necesaria el Sanedrín, hubiese en el acto jueces hasta completar el número de setenta y uno. A ambos lados, uno a la derecha y otro a la izquierda, se ubicaban dos secretarios, que anotaban los argumentos de los que se pronunciaban por la absolución y de los que se oponían a ella.

Obtenían la palabra primeramente los partidarios del sobreseimiento, y después de ellos los acusadores, en la esperanza de que estos últimos se convencieran con los argumentos de los "libertadores". Si alguien emitía opinión en favor de la absolución, ya no podía ser acusador; contrariamente, si se pronunciaba por la condena, podía retractarse y pasarse a los "libertadores".

Si el reo era declarado inocente, el veredicto se pronunciaba en el mismo día; por el contrario, si resultaba culpable, la sentencia se postergaba para el día siguiente, a fin de que los jueces pudiesen reflexionar y obtener nuevas pruebas.

Al recabarse las opiniones de los jueces se empezaba por el de menor jerarquía, pues de haber empezado con el juez de mayor autoridad, presunto partidario de la condena, su opinión podría haber influído sobre los demás jueces.

Para absolver bastaba una mayoría de un voto; en cambio, para condenar hacía falta una mayoría de dos.

No todas las personas podían ser jueces. Estos debían ser hombres honestos, instruídos, de buena familia. Si alguien hubiese sufrido un proceso por dinero y hubiese sido condenado, no podía ser juez. Dos jueces enemistados entre sí no podían integrar el mismo tribunal, porque a causa de su enemistad podían tratar de oponerse el uno al otro. Los jueces debían ser buenos, generosos. Un hombre cruel no podía ser magistrado. Un anciano que hubiese olvidado ya el dolor de criar sus hijos, aquel que jamás hubiese tenido descendencia o el que ya no la tuviese, no podían ser jueces en causas que involucraban la pena capital.

LOS TESTIGOS

No se admitían testigos únicos. Debía haber por lo menos dos testigos que hubiesen presenciado el hecho. Era menester también que los testigos *previniesen* al delincuente que su acto sería penado con la muerte. Sin tal "prevención" no podía ser sentenciado a la pena capital. El Talmud refiere que Rabí Simón ben Schetaj (presidente del Sanedrín, que vivió en tiempos del rey Janeo), presenció el asesinato de un individuo por otro, pero no pudo hacer nada por cuanto hacían falta dos testigos.

No todos podían ser testigos. Se excluía a los menores y a los incapaces. Todos los parientes cercanos, tanto del criminal como de su esposa, eran totalmente incapaces como testigos. Ningún acusado podía declarar contra sí mismo; su propia inculpación no podía servir de base para condenarlo a muerte, pues cabía la sospecha de que había querido suicidarse en esa forma. Si los testigos eran parientes entre sí, no eran válidos. Los testigos debían ser personas honestas y decentes. Si uno de ellos había cometido alguna infracción castigada con azotes, no era admitido; si resultaba que alguien había declarado con falsedad, aunque fuese en asuntos de dinero, su testimonio no era válido. Lo mismo ocurría con el que se ganaba el sustento mediante el juego de naipes u otros procedimientos análogos. El que prestaba o tomaba prestado dinero a rédito, era desechado como testigo; otro tanto pasaba con las personas que amaban demasiado el dinero o que hubiesen demostrado no ser honradas en cuestiones pecuniarias.

Una vez constituído el tribunal (Sanedrín), se llamaba a los testigos y se les amedrentaba: "Sabed que solamente podréis declarar aquello que hubiéseis visto con vuestros propios ojos. Si sólo lo suponéis, si lo habéis oído de otros testigos, si confiáis en las palabras de una persona de vuestra confianza, vuestro testimonio no es válido. Sabed que todo eso lo llegaremos a descubrir en el careo. Debéis saber que aquí no se trata de cuestiones pecuniarias, sino de una vida humana. Y sobre vuestra cabeza recaerá no sólo la sangre del acusado, sino la de todas las generaciones que podrían descender de él. No se trata de la vida de un individuo, sino de todo un mundo". Al mismo tiempo se les advertía que no debían sentir temor de decir la pura verdad, pues tal era su obligación.

Después de esta prevención, se daba comienzo al careo de los testigos, que era severísimo, y cuanto más severo, tanto mejor resultaba. Se les hacía comparecer individualmente y se les interrogaba en qué mes, en qué día, en qué hora, en qué lugar había ocurrido el hecho y si habían prevenido al delincuente, etc. El propósito de todas estas preguntas era confundir a los testigos para ver si decían la verdad. Si se contradecían, el acusado era puesto en libertad. Si los testimonios coincidían en todos los pormenores, los jueces comenzaban los debates, en el orden indicado más arriba. Resta observar aquí que si los jueces, unánimemente, consideraban culpable al acusado, éste no podía ser condenado a muerte, probablemente porque, en semejantes condiciones, no había tenido defensor.

LA EJECUCION

Una vez terminado el proceso y reconocida la culpabilidad del acusado, éste era conducido al lugar de la ejecución, situado a cierta distancia del tribunal. Cerca de la sede de éste había un individuo con un banderín en la mano, y a cierta distancia de él, el abanderado enarbolaba el estandarte y el jinete corría en busca de aquél. Y no sólo se procedía en esta forma cuando uno de los jueces hacía esta indicación, sino que cuando el mismo reo declaraba haber dado con una defensa, era llevado al tribunal para ser oído por los jueces. Si se admitía que la defensa era fundada, se lo ponía en libertad; en caso contrario, se le llevaba a la ejecución. Delante de él corría un heraldo pregonando: "Fulano de tal va a ser ejecutado por haber cometido tal y cual crimen; el que tenga algo que decir en favor suyo, que venga y lo diga".

Previamente le ofrecían al reo una copa de vino en que se mezclaba una especie de droga para atontarlo y para no hacerle sentir los dolores. Las mujeres de Jerusalén se encargaban de suministrar esa droga a los infelices.

El día de la ejecución los jueces no podían probar bocado, en señal de duelo porque se derramaba sangre humana. El pasaje bíblico "No comerás con sangre" lo interpretaban los talmudistas en el sentido de que estaba vedado comer mientras se vertía sangre humana.

Hemos indicado aquí a grandes rasgos el procedimiento judicial entre los judíos en los casos en que se aplicaba la pena de muerte, tal cual lo refiere el Talmud. Fácil es ver por lo expuesto que en semejantes condiciones la pena capital era imposible. Ello, empero, hubiera hecho que los delincuentes quedasen impunes. Esto lo previeron los talmudistas e hicieron una excepción en lo tocante a los homicidios. Todos los delincuentes a quienes correspondía la pena de muerte eran sobreseídos si no se podía probar su culpabilidad *judicialmente*, conforme a la ley. En cambio, cuando se sabía con certeza que un individuo había cometido un crimen, pero no se había demostrado judicialmente—es decir, con testigos suficientes y con la *prevención* pertinente—se le encerraba en la cárcel, a pan y agua. (Tratado *Sanedrín*, Cap. I.).

Finalmente, mencionaremos algunas leyes más relacionadas con la pena capital:

Un demente no podía ser procesado.

Si varios individuos participaban en un crimen, ya sea conjuntamente, ya sucesivamente, no podían ser condenados a muerte.

Cuando alguien incitaba a otro para cometer un crimen, el culpable era el que cometía el delito, y no el que lo había instigado.

Capítulo XI

LA ETICA

Hablar de la moral del Talmud como de algo aislado e independiente, como de una cosa en sí que no tiene relación ni con el pasado ni con el porvenir, es una insensatez y una cosa históricamente inexacta. El Talmud, de un modo general, no es algo novedoso, no es una enseñanza nueva. Es más bien un comentario que se amoldó a los tiempos nuevos, a la época en que fuera escrito, de conformidad con los conceptos y circunstancias nuevas, de acuerdo con las novedosas exigencias de la vida en el orden político, económico y en otros terrenos. Siendo una nueva exégesis de la Biblia, no es, lógicamente, lo mismo que la Biblia, pero tampoco es algo aislado e independiente de ella. Representa una fase especial en la evolución histórica, un estado determinado en el desenvolvimiento del pueblo judío.

Esto, que es cierto en lo tocante al Talmud en general, no es menos exacto en lo que concierne a la moral del Talmud en particular. La moral talmúdica no debe ser considerada como algo independiente, sino como un desarrollo ulterior de la moral bíblica, *un desarrollo* ulterior, mas no algo desconectado de ella. La moral talmúdica es como un anillo de una cadena, un anillo, es verdad, muy importante y significativo, pero, no obstante, un mero anillo. La cadena principia en los tiempos más remotos de la historia judía, pudiendo encontrarse huellas de ella en las partes más antiguas de la Biblia. Ella va adquiriendo nuevos aros en los tiempos posteriores, conforme puede inferirse de las secciones más arcaicas de la Biblia, en la literatura profética, en la pre-talmúdica, luego en la talmúdica y finalmente en la post-talmúdica hasta nuestros días. El pueblo judío ha vivido y se ha desarrollado y junto con él se han desenvuelto sus conceptos morales, aun cuando las bases esenciales hayan seguido siendo las mismas.

Ya en la Biblia se nota una modificación de los conceptos morales del pueblo judío, dependientes de las épocas más o menos remotas. Tomemos como ejemplo la guerra. Mientras los hebreos se encontraban en un nivel inferior de cultura, mientras eran primitivos y bárbaros, sus guerras fueron también salvajes y bárbaras. Regía para ellas el célebre mandamiento: "No dejarás nada con vida". Algunos siglos más tarde, cuando el pueblo judío había alcanzado ya un elevado rango de cultura espiritual, cuando ya se encontraba bajo la influencia de las enseñanzas humanitarias de los profetas, cambiáronse enteramente sus conceptos acerca de la guerra. Antes de salir a guerrear, se enseñaba entonces, era menester incitar al enemigo a la paz. Cuando se sitiaba una ciudad, no se podía extirpar los árboles frutales. Sólo debían participar en las batallas los voluntarios, y únicamente aquellos que no fuesen de corazón débil o timoratos. El autor del *Deuteronomio* expresa ya claramente que el "No dejarás nada con vida" se había dicho por los siete pueblos que habitaban el suelo de Palestina. Los talmudistas notaron el cambio fundamental operado en la Tora en lo tocante a la guerra, pero no pudieron considerar dicho cambio desde un punto de vista histórico-cultural, puesto que para ellos todas las partes de la Tora habían sido otorgadas igualmente por Dios. Trataron, por consiguiente, de resolver la cuestión estableciendo una diferencia entre la "guerra santa" (es decir, una guerra ordenada por Dios) y la "guerra voluntaria" (esto es: la decretada por voluntad propia). La guerra contra los siete pueblos que habitaban la Palestina era una guerra santa, porque Dios la había ordenado, mandando que aquéllos fueran aniquilados. Las guerras restantes, en cambio, ya no eran santas, y por eso fué también diferente la ley. Tales ejemplos acerca de los conceptos morales alterados pueden citarse en número infinito.

La moral judía, por consiguiente, ha pasado por distintas categorías evolutivas. La moral talmúdica es la moral judía de una época histórica dada, ligada empero estrechamente con la que la ha precedido y que, por su parte, ha influído sobre la moral ulterior. No es éste el lugar para demostrar cómo la moral talmúdica brotó y se desenvolvió de la moral bíblica. Nuestro propósito es mucho más modesto: queremos tan sólo hacer una brevísima descripción de esta moral.

*

Es un hecho bien conocido que la Biblia no se ocupa de cuestiones puramente especulativas. No sutiliza sobre la esencia de Dios ni sobre su naturaleza; ni siquiera habla de la inmortalidad del alma humana ni de una vida de ultratumba. A este respecto se han formulado toda clase de comentarios, explicaciones e hipótesis. Algunos quieren inferir de esto que los hebreos de aquella época estaban poco desarrollados como para internarse en cuestiones puramente filosóficas y que no les interesaban los grandes problemas del universo. Su mundo era reducido, limitados sus conceptos y su Dios era local, nacional y sólo regía en su país y sobre su pueblo. Otras naciones y otros países poseían, a su modo de ver, sus dioses particulares.

Esto es exacto hasta cierto punto no más. Mientras los judíos se hallaban en estado primitivo, su concepción de Dios era efectivamente grosera y limitada. En esto se diferenciaban poco de los demás pueblos que se encontraban en un análogo grado inferior de desarrollo. Restos de esta grosera concepción de Dios se encuentran en múltiples pasajes de las partes más antiguas de la Biblia. Pero ya en el Deuteronomio el concepto de Dios es elevado y delicado, y debe de ser el resultado de un pnsamiento especulativo. El Dios del Deuteronomio ya no es el Dios local y nacional, sino el Dios único de todo el universo, el Dios de todos los pueblos, el Dios del cielo y de la tierra y de todo lo que existe sobre y dentro de ellos: "No hay otro fuera de él". Al que esto escribió ya le preocupaba por qué el Dios de todo el universo ha elegido únicamente al pueblo hebreo y trató de justificarlo diciendo: "Porque amó a sus padres". Argumento endeble, pero que denota que la cuestión ya le preocupaba.

El Dios del Deuteronomio no solamente es único, sino que es también incorpóreo, falto de figura: "Porque no habéis visto imagen". El autor hace hincapié en este punto y subraya a cada rato la prohibición de hacer imágenes de Dios, ni figuras de lo que se encuentra sobre la tierra ni de las "fuerzas celestiales". Es evidente que a tamaña concepción de Dios sólo es posible llegar por medio del pensamiento especulativo y que los hebreos ya se ocupaban a la sazón de problemas filosóficos. Es verdad que el autor no se da el trabajo de fundamentar su concepción del mundo filosófica, no la discute, ni se empeña en demostrarla por medio de concesiones y conclusiones lógicas; no nos muestra el proceso ideológico mediante el cual ha arribado a ella, pero eso se debe a que no escribe un tratado filosófico, sino una ética práctica, una Tora práctica. Para una ética práctica no es tan importante la representación abstracta de Dios como concepto filosófico, sino su representación como un ente ético. En la Tora judía, en la concepción hebrea del universo, Dios ocupa el primer sitio como ente ético, como Dios de justicia, Dios de misericordia, Dios del amor. Dios, como concepción filosófica, ocupa un lugar secundario. La Tora como tal nada tiene que ver con la concepción filosófica, por más que no la excluye de manera alguna. En este sentido tiene razón el profesor Lazarus cuando afirma que "Dios es la fuente de la ética judía". Este es el motivo por qué en el judaísmo no existen dogmas. Estos fueron introducidos en el judaísmo mucho más tarde, por Maimónides y otros, quienes se habían propuesto convertir al judaísmo en un sistema filosófico, en lugar de un sistema de ética.

Dios es un ente ético, y por eso todas las quejas, argumentaciones y pretensiones que se encuentran en la Biblia, van dirigidas contra la dirección del universo en cuanto ella parece no ajustarse al divino principio ético. "Tú eres justo, Dios, y yo no puedo lidiar contigo, pero comprender quiero por qué son felices los malvados. ¿Por qué los falsarios son tan tranquilos?" (Jeremías). "Muy limpio eres de ojos para ver el mal, ni puedes ver el agravio, ¿por qué ves los menospreciadores y callas cuando destruye el impío al más justo que él? ¿Y haces que sean los hombres como los peces de la mar, como reptiles que no tienen señor?" (Habauc). "El hombre, nacido de mujer, corto de días y harto de sinsabores. Sale como una flor y es cortado, y huye como la sombra y no permanece. ¿Y sobre éste abres tus ojos y me traes a juicio contigo?" "Y si he pecado, ¿qué te haré, oh guardia de los hombres? ¿Por qué me has puesto contrario a ti y que a mí mismo sea pesado? ¿Y por qué no me quitas mi rebelión y perdonas mi iniquidad? Porque ahora dormiré en el polvo y si me buscaras de mañana, ya no seré". "Es lo mismo, digo, porque El extermina a los justos como a los impíos. El mundo se encuentra en sus manos" (Job). Todo el libro de *Job* está repleto de estas reclamaciones contra ese orden del mundo que no coincide con el principio ético. También el pesimista Eclesiastés habla en igual tono: "Y tornéme y vi todas las violencias que se hacen debajo del sol: y he aquí las lágrimas de los oprimidos, y sin tener quien los consuele; y la fuerza estaba en la mano de sus opresores, y para ellos no había consolador". "Porque el suceso de los hijos de los hombres y el suceso del animal, el mismo suceso es: como mueren los unos, así mueren los otros; y una misma respiración tienen todos; ni tiene más el hombre que la bestia, porque todo es vanidad. Todo va a un lugar: todo es hecho de polvo, y todo se tornará en el mismo polvo".

Dios es un ente ético. He aquí el alfa y omega de la ética judía. La finalidad del hombre consiste, por lo tanto, en imitarle y en andar por sus caminos. "Santos seréis, porque santo soy Yo". *(Eclesiastés)*.

Con más vigor aún se señala y desenvuelve esta idea en el Talmud. Este, lo mismo que la Biblia, se ocupa relativamente poco de problemas especulativos. Esto no quiere decir, empero, que los talmudistas los ignorasen. De centenares de pasajes del Talmud puede inferirse que los talmudistas conocían perfectamente la filosofía de su tiempo. La influencia de la filosofía griega, por ejemplo, sobre todo la de Platón, es notoria en muchas de sus enseñanzas y en las "Hagadath" (Leyendas). La afirmación de Schimlai de que el niño, antes de nacer, ve desde un extremo del universo hasta el otro y que lo olvida todo en el momento de nacer, y que el hombre va recordando poco a poco en su vida ulterior lo que sabía anteriormente, constituye en el fondo la doctrina platónica de que nuestro conocimiento es lo que el alma recuerda de aquello que ella sabía antes, mientras se encontraba en los mundos celestiales. La expresión talmúdica "la tenaza ha sido hecha como la tenaza primitiva" recuerda la doctrina platónica sobre el mundo de las ideas. Además, el Talmud sabe contar de ciertas doctrinas secretas acerca de la cosmogonía y la teogonía. Los talmudistas no prohiben el aprendizaje de estas doctrinas esotéricas; sólo aconsejan tener cuidado con ellas. No hay que estudiarlas abiertamente, sino en secreto y a solas, a lo sumo entre dos, y únicamente los discípulos apropiados para ello, los que no se han de apartar del camino recto. Es decir, que dichas doctrinas pueden ser transmitidas a aquellos a quienes la concepción filosófica de Dios no les acarreará ningún conflicto, ninguna contradicción con el concepto ético. No sólo los filósofos judíos de la Edad Media, como, por ejemplo, Maimónides, sostuvieron que los griegos habían tomado su filosofía de los judíos de la escuela alejandrina (1). Esta afirmación carece naturalmente de todo fundamento, pero ella evidencia, de todas maneras, que los estudios filosóficos no les eran extraños a los judíos, aun antes de la era cristiana, y que muchos israelitas hasta los consideraban como un asunto puramente judío.

Los talmudistas conocían la filosofía, pero como ésta carece de valor para la ética práctica, el Talmud no se ocupa de ella. Interesábales a los talmudistas más bien el aspecto ético de la naturaleza de Dios. La cuestión de: "Al justo le va mal y al malvado le va bien" era para ellos mucho más importante. Empero, ya no se encuentra en ellos tanta amargura como en la Biblia contra el orden injusto del mundo, pues poseían una solución para este problema: sabían de una vida posterior a la muerte y de una recompensa y de un castigo en el mundo de ultratumba.

Dios es un ente ético. Esto es lo esencial. El objetivo del hombre consiste, por lo tanto, en ser también un ente ético. Debe remedar a Dios y orientarse por sus caminos. "Como yo soy misericordioso, así también serás tú misericordioso; como yo soy clemente, así has de ser clemente tú". Dios es generoso hasta con aquel que no lo merece; por eso el hombre debe también serlo así. Hasta en su ira es compasivo Dios; por eso debe serlo también el hombre. Dios es pura verdad, y el hombre, a

---

(1) El primero en sentar este aserto fué el filósofo alejandrino Aristóbulo, quien vivió unos doscientos años antes de la era común. Formóse la leyenda de que Aristóteles había recibido sus doctrinas de los judíos, leyenda que menciona Josefo en su obra "Contra Apión". Más tarde hasta no faltó quien sostuviera que el mismo Aristóteles había sido judío.

su vez, debe ser veraz. Dios es justo, por eso el hombre debe serlo también. El que pronuncia un veredicto justiciero, se convierte en colaborador de Dios en la creación del mundo.

Dios ha creado el mundo para el hombre. Esta es la finalidad y el punto céntrico de toda la creación. "Por eso todo hombre debe sentirse como si el mundo hubiese sido creado para él" y "aquel que sostiene a una sola persona, es como si sostuviera el mundo entero". Ningún individuo posee rango superior a otro: "Mi sangre no es más roja que la de otro". "El hombre ha sido creado solo (de una sola pareja), a fin de que nadie pudiese engrandecerse frente a él". La creación del universo es una expresión de la naturaleza ética de Dios y encierra una finalidad ética, una intención ética.

Dios hace el bien por el bien, sin otros designios laterales, porque tal es su naturaleza. No ha tenido objetivos en la creación; ella es una proyección de su naturaleza ética, de su infinita bondad y clemencia: "Hijitos míos ¿acaso me falta algo para que yo lo busque entre vosotros? Yo sólo quiero que os améis y respetéis recíprocamente". Y del mismo modo como Dios no espera nada de la generosidad que practica, así tampoco debe el hombre aguardar ninguna recompensa por las buenas obras que haga: "No seáis como los esclavos que sirven a su señor por el salario". El hombre debe hacer el bien por amor al bien y no por una recompensa. "Todo lo que hacéis, hacedlo por amor. El que procede por amor es superior al que procede por temor". "El premio por una buena obra es la misma buena obra; el castigo de una mala acción es la misma mala acción". "Es preferible una hora de arrepentimiento y de buenas acciones en este mundo, que toda una vida futura en el mundo ultraterrestre".

La buena acción constituye por sí sola su recompensa; la acción perversa es por sí sola su castigo. Esto no quiere decir, empero, que el hombre no reciba su paga por el bien y un castigo por el mal. Eso sólo significa que los motivos que lo inducen a hacer el bien deben ser puros, delicados, desprovistos de toda finalidad egoísta.

El hombre posee un libre albedrío. La elección se encuentra en sus propias manos. Puede hacer el bien y puede hacer el mal: "Mirad: os he entregado hoy la vida y la muerte, el bien y el mal. Elegid la vida". Partiendo de la concepción de Dios como ente ético, debe arribarse a la idea de que el hombre posee un libre albedrío. Si el hombre no puede elegir su camino, si no es dueño de sí mismo, si todo lo que hace es obligatorio y está determinado con anticipación, en este caso no es más que un autómata y toda la ética carece de fundamento. Su comportamiento, bueno o malo, sería en tal caso enteramente independiente de él. Eso querría decir entonces que no es el hombre el que realiza o deja de realizar determinados actos, sino que esos actos se realizan o dejan de realizarse dentro o por intermedio de él. El judaísmo, rígidamente consecuente con el concepto de Dios como ente ético, admite la doctrina del libre albedrío humano. Y el Talmud se aferra con fuerza a esta doctrina bíblica, aun cuando nota ya la contradicción que existe entre la omnisciencia de Dios y el libre albedrío del hombre. Intenta eludir esta dificultad: "Todo se encuentra en manos de Dios, excepto la devoción". "Todo está visible, pero el permiso ha sido acordado".

La conducta de Dios con respecto al hombre es la del padre frente a su hijo. Los hombres deben amar a Dios como aman los hijos a su padre. ¿En qué consiste el amor de Dios? En imitar sus actos. El ama y complace a todos; así también debe el hombre amar y apiadarse de todos. La paternidad de Dios no significa otra cosa que la fraternidad entre los hombres, los cuales deben amarse como hermanos de un mismo padre. "Y amarás a tu prójimo como a ti mismo", tal es el gran principio de la Tora. Lo que a ti no te agrade, no se lo hagas a tu prójimo, he aquí toda la Tora. El resto es solamente un comentario.

Es imposible mencionar siquiera una pequeña parte de todas las máximas y pensamientos éticos que se encuentran en el Talmud. Podrían llenarse libros enteros con ellos. Aquí sólo hemos señalado someramente los puntos básicos de la ética talmúdica, utilizando los aforismos arriba citados únicamente como ilustración, por vía de ejemplo. En todos los demás, en forma más o menos firme, se expresa la misma idea fundamental: Dios es un ente ético, el universo es un fenómeno ético que tiene por centro al hombre, el cual, por eso mismo, debe tratar de alcanzar la máxima categoría de perfeccionamiento ético.

Al hablar de Dios como de un ente ético debe entenderse con esto lo siguiente: Dios exige del hombre que proceda con bondad y sea justo, no porque a El se le haya ocurrido este capricho, habiendo podido ocurrírsele otro, sino porque la bondad y la justicia son la esencia de su ser, son una consecuencia inevitable de su naturaleza. Una cosa no es buena o mala porque Dios haya ordenado hacerla o dejar de hacerla, sino que Dios ha mandado hacerla o dejar de hacerla porque ella es buena o mala. La voluntad divina no es la causa de la bondad de una cosa, y si el deseo de Dios fuese, por ejemplo, distinto, aquello que nosotros denominamos injusto o malo no por eso se volvería justo y bueno, porque la bondad de la cosa es la causa de la voluntad de Dios y no viceversa; Dios lo desea y lo exige así porque esa cosa es buena. Un hecho es ético no porque Dios lo quiera, sino que lo quiere porque es ético. Dios, en su esencia, es generoso y justo, y por eso *como consecuencia de ello,* exige que el hombre proceda con rectitud y justicia.

*

Esta reseña sería incompleta si no fuesen recordados otros dos puntos de la ética judeo-talmúdica, los cuales la diferencian de la ética judeocristiana, la de los primeros cristianos, apoyada a su vez sobre bases y conceptos judaicos. Para evitar confusiones, conviene subrayar que aquí nos referimos únicamente a la ética, no a los credos y dogmas religiosos.

El primer punto es el nacional. La Biblia enseña que los judíos constituyen un pueblo elegido. El Talmud se atiene celosamente a esta doctrina. "Amado es el hombre (el hombre en *general)* creado a la imagen de Dios". "Amados son los judíos, que se llaman hijos de Dios". Los judíos, por ende, ocupan una posición superior a la de los demás pueblos. La Biblia y hasta el Evangelio, justifica la elección del pueblo judío, porque Dios amó a su antepasado Abraham y le formuló esa promesa. El Talmud se ajusta, de una manera general, a esta explicación. Hay, sin embargo, entre los talmudistas algunos que no parecían estar satisfechos con esta explicación y se dieron a buscar otras. "La Tora ha sido otorgada a los judíos por ser éstos los más empecinados y empedernidos entre los pueblos. Sin la Tora (sin su influencia suavizadora) ningún pueblo podría resistir contra ellos". Otro lo explica así: 'Dios está con los oprimidos y perseguidos. Salió en defensa de Abel contra su hermano Caín... Los judíos son perseguidos por los demás pueblos, por eso Dios los ha elegido".

La predilección por el pueblo judío le impone a éste mayores obligaciones; no recibe privilegios especiales, fuera de tener que ser mejor que los pueblos restantes, si es que a esto puede llamarse privilegio. El no-judío piadoso es también candidato a la vida eterna, no queda excluído de ella, pero le corresponden menos obligaciones que al judío. A los no-judíos les basta con los "siete preceptos de los hijos de Noé", que constituyen restricciones genuinamente éticas y sociales; el júdío, en cambio, está obligado a cumplir toda la Tora. Pero tampoco la Tora queda vedada para las naciones restantes, si ellas así lo desean. Pueden adherirse a ella. Un converso al judaísmo es tan importante – y algunos sostienen que lo es en mayor grado aún – como el mejor de los judíos.

El hecho de considerarse los judíos como el pueblo elegido no constituye de ninguna manera una excepción. Todos los pueblos, tanto los antiguos, verbigracia los griegos y los romanos, como los modernos, se han considerado y siguen considerándose como la sal de la tierra y creen que sus respectivas culturas son las mejores. "Esto – observa acertadamente el profesor Lazarus – representa más bien un fenómeno psicológico nacional y nada tiene que ver con la ética". Lazarus sostiene, y no sin razón, que el aislamiento judío ha tenido alguna finalidad ética.

El ideal judío consiste en la confraternización de toda la humanidad, conforme lo han expresado en múltiples ocasiones los profetas y los talmudistas. El ideal mesiánico judío es el triunfo final de la verdad y de la justicia en el mundo entero, para toda la humanidad, para cuando todos invoquen a un solo Dios. Pero, mientras no sea alcanzado este ideal, hasta tanto llegue esa era mesiánica, el pueblo judío debe conservar su idiosincrasia propia, no debe mezclarse ni desaparecer en medio de las demás naciones, de donde resulta que el aislamiento judío, el considerarse los judíos como pueblo elegido, constituye por sí mismo un medio para la confraternización universal. El particularismo judío es un paso hacia el universalismo.

En esto, considera Lazarus, estriba la diferencia entre el aislamiento de los judíos y el aislamiento de las demás naciones. Los griegos se consideraban como el mejor y el más escogido de los pueblos; todos los demás eran tenidos por bárbaros. Hasta Platón, en su república ideal, se imagina que los griegos deberán librar guerras contra los demás pueblos. Para los judíos, en cambio, en el estado ideal que proclaman, o sea, cuando todos los pueblos invoquen el nombre de Dios, cuando todos ellos sean hermanos, no subsistirá ni el recuerdo de las guerras, las espadas y las lanzas serán trocadas en arados y hoces y no habrá más lágrimas en el mundo.

Tampoco el cristianismo niega que el pueblo judío sea el elegido; sólo sostiene que con el advenimiento de Cristo el ideal judaico ha sido realizado y que la humanidad se encuentra ya confraternizada.

Las terribles persecuciones que tuvieron que soportar los judíos por parte de los pueblos circundantes han debido suscitar necesariamente en algunos sabios hebreos un resentimiento y un rencor contra sus torturadores. Esto ha hecho que en tales o cuales pasajes del Talmud, relativamente escasos, se encuentren expresiones que denotan un resentimiento hacia los demás pueblos, pasajes que no se hallan a una debida altura ética. Pero esto es muy natural. Cuando a uno le aplican toda clase de torturas, cuando se le trata a sangre y fuego, debe escapársele inevitablemente alguna palabra fuerte o una maldición.

El segundo punto a que aludimos consiste en que la ética talmúdica exige *hechos;* la simple fe no es suficiente para ella. No le bastan los lindos discursos, no admite que el hombre hable bien, sino que proceda bien: los principios éticos generales deben ser llevados a la práctica en sus detalles. Todos los nobles ideales y las prédicas hermosas carecen de consistencia si no son convertidos en hechos reales. La acción, la buena acción, es lo esencial. "Por tus actos serás juzgado". "Aquel cuyos actos son superiores a su sabiduría, su sabiduría será conservada, tendrá consistencia; aquel cuyos actos son menores que su sabiduría, su sabiduría carece de consistencia". Por medio de los hechos se pueden alcanzar las categorías éticas más elevadas; los hechos imponen disciplina al hombre y lo purifican de las malas inclinaciones.

Siendo una enseñanza de la vida práctica que tiene en cuenta la realidad, no exige por eso el Talmud lo imposible. "No se debe imponer ninguna prohibición que el gran público no pueda soportar". El individuo puede aspirar al ideal supremo de perfección; esto hasta es una obligación suya. "Santifícate hasta en aquello que te está permitido". El individuo puede pasar de una categoría a otra superior, hasta alcanzar la categoría máxima del "espíritu divino". A base de esto, empero, no se pueden imponerle exigencias que le resulten imposibles.

El judaísmo requiere buenas acciones y no hace hincapié en los pensamientos. El hombre debe hacer el bien, aunque fuese con algún otro designio, porque de un estado interesado llega con el tiempo a uno de desinterés.

Sólo así se explica el interesante fenómeno de que el judaísmo no haya prohibido ni castigado los pensamientos libres. "Dios se complace cuando alguien se ocupa de la cosmogonía y de la teogonía, hasta cuando esto lo conduce a errores". Entre los filósofos judíos de la Edad Media hubo quienes se permitieron expresar las ideas más libres, sin ser perseguidos por eso, siempre que hubiesen acatado la Tora. Elischa ben Abuia, llamado "Ajer" (el "extraño"), no fué rechazado por sus pensamientos libres, por sus dudas, sino porque dejó de andar por los caminos de la Tora. Lo mismo ocurrió con Uriel Acosta y con Spinoza.

El cristianismo se funda exclusivamente en la fe y por eso no puede tolerar las ideas libres. El judaísmo exige hechos y no le importa la ideología abstracta.

El cristianismo quemaba por las ideas libres; el judaísmo castigaba por las malas acciones.

Capítulo XII

LA CLAUSURA DEL TALMUD

Uno de los períodos más obscuros de la historia judía es aquel en que vivieron y actuaron los "saboraim" y sus sucesores inmediatos los gaonitas. Hasta hoy los historiadores no han logrado recoger suficientes materiales para iluminar aquella época.

El Talmud de Babilonia, compuesto por Rab Aschi, fué terminado y clausurado por Rabina. Ocurrió esto entre los años 450 y 475. Motivó la clausura el temor de que debido a los tiempos difíciles y a las persecuciones el Talmud cayese totalmente en olvido. Fué la primera razón que obligó en su tiempo a Rabí Judá el Príncipe a componer y clausurar la Mischna. Parece ser que durante algún tiempo las grandes Academias de Sura y Pombedita estuvieron cerradas. Reabiertas más tarde, bajo condiciones políticas más favorables, los nuevos presidentes de esas casas de estudio consideraron que el Talmud estaba clausurado. De ahí que, con muy pocas excepciones, no se atrevieran a añadirle nada. Contentáronse con explicarlo, con interpretarlo, de donde viene su nombre de "saboraim", intérpretes.

El período de los saboraim no fué largo, duró en total un siglo y medio. Después de ellos vinieron los gaonitas. El primer gaón habría vivido en 589, el último en 1038. La época de los gaonitas habría durado, por ende, cerca de 450 años.

La situación económica y política de los judíos de Babilonia y Palestina distaba de ser brillante. Políticamente disfrutaban, es verdad, de cierta independencia, de algo que hoy en día podríamos llamar autonomía cultural. Pero sus asuntos internos y los de las comunidades estaban sometidos a la autoridad del "Resch Glutha" (Jefe de la Cautividad) y de los gaonitas. Con todo, eso dependía enteramente del capricho del rey. Si era bueno y generoso, concedía a los judíos esa autonomía; si, en cambio, era malo e irascible, la anulaba. En el mejor de los casos debían pagar esa merced con pesados impuestos, que eran dobles: unos con destino al soberano y otros para el Jefe de la Cautividad, el cual llevaba un tren de vida real. Los impuestos se recaudaban bajo la dirección de los "Resch Glutha", entre quienes hubo algunos que gobernaron con mano dura, sin respetar para nada al grueso del pueblo.

El espíritu de revuelta y de resistencia con que el pueblo judío se había distinguido en los siglos anteriores estaba quebrantado desde hacía tiempo. Los terribles resultados de las diversas sublevaciones contra los romanos hicieron que el pueblo huyese del mundo y se refugiase en el círculo estrecho de sus sinagogas y casas de oración, dentro de "los cuatro codos de la Ley", donde buscó consuelo y esperanza. De vez en cuando aparecían algunas tribus judías que oponían resistencia a sus enemigos y los rechazaban sable en mano, pero eran excepciones raras. En general, el pueblo hebreo parecía haberse resignado a su destino de permanecer en el cautiverio y se consolaba con la esperanza de una redención milagrosa y sobrenatural, que aguardaba pacientemente y con la que soñaba de una manera fanática.

El cristianismo había adquirido ya a la sazón gran poder y distinción. Algún tiempo antes, en el siglo IV, Constantino el Grande habíalo proclamado religión oficial. La "religión del amor" olvidó inmediatamente las persecuciones que ella misma había soportado y se puso a perseguir a los judíos. Estos vejámenes deprimieron por entero el espíritu del pueblo judío, lo que dió margen a que hasta la investigación de la Ley y la casuística, tan corrientes en los siglos de los "Amoraim", quedaran también estacionadas. Ni los "saboraim", ni los primeros gaonitas dejaron nada que demostrase que han realizado algo importante ni siquiera en este terreno.

Lo mismo que en otros períodos difíciles de la historia judía, floreció también entonces entre los judíos la literatura mística. No pudiendo tener a Jerusalén en este mundo, forjáronse una Jerusalén imaginaria en el cielo. Debido a esto, aquella época, pobre en ideas filosóficas y en libros sobre la legislación mosaica, fué, en cambio, rica en diversas obras cabalísticas y legendarias. Esas obras de cábala no se distinguieron por su profundidad filosófica, como las similares de la antigüedad, ni como los libros posteriores de la cábala teórica. Eran en su mayoría libros de cábala práctica, llenos de toda clase de prejuicios, conjuros y fórmulas mágicas. Su concepto de Dios es grosero, como el de un ser humano, cuya altura y longitud medían por millas. El único libro de cábala de aquel entonces que tiene un valor teórico es el "Sefer Iezirah" ("Libro de la creación"), cuyo autor, al parecer, se hallaba bajo la influencia de los filósofos neo-platónicos. Por esta razón hay quien considera que este libro proviene de una época anterior. Tampoco los "Midraschim" de aquel entonces se distinguen por la belleza de lenguaje, el vuelo poético, la riqueza de imágenes y de ideas que tuvieron los anteriores. En su mayoría se componen de recopilaciones antiguas, que se reconocen por la falta de los méritos arriba señalados y se hallan mezcladas con añadidos que tienen un carácter muy distinto.

La moda de tomar obras literarias ajenas y firmarlas con el nombre propio era desconocida entonces. Los autores no firmaban ni siquiera sus trabajos originales. Existía en cambio otra costumbre, peor en cierta manera que el plagio literario. Era la de colocar nombres ajenos sobre trabajos propios. Esos nombres, naturalmente, eran elegidos entre los más famosos, a fin de dar autoridad a trabajos literarios de valor dudoso. Esta costumbre no era nueva. También la habían practicado los antiguos griegos y romanos. El citado "Libro de la Creación", por ejemplo, se atribuía al patriarca Abraham. Estas adulteraciones causaron gran daño, ya que los absurdos que contenían algunos de esos libros eran considerados sagrados, insospechables, en virtud de la elevada paternidad que les atribuían.

Como se ve, la situación del pueblo judío en aquella época era bien triste, no sólo en el orden económico y político, sino también en el espiritual. Difundíanse toda clase de falsas creencias y supersticiones. Hasta la fe en Dios adoptó entre muchos un carácter grosero, materialista. El espíritu creador del pueblo judío parecía haberse agotado por las duras penurias que soportaba.

Dos grandes sucesos que se produjeron a la sazón vinieron a conmover el edificio del judaísmo y a despertar al pueblo de su sueño letárgico: uno vino de afuera y el otro desde adentro.

El primer gran acontecimiento fué la aparición de Mahoma con su nueva religión. Propagóse ésta rápidamente entre las tribus y pueblos arábigos. En un principio, la actitud de Mahoma para con los judíos fué benévola. Abrigaba la esperanza de que ellos lo reconocerían, lo que hubiera considerado como el signo más seguro de su divinidad. Más tarde al ver que no conseguiría nada de los judíos y que éstos se burlaban de él y de sus pretensiones, mostróse hostil para con ellos. Hasta le tocó luchar contra determinadas tribus hebreas. La mayoría de sus enseñanzas están tomadas del judaísmo, principalmente del de su época. El "Corán" está lleno de versículos de las sagradas escrituras judías y de leyendas hebreas relativas a los patriarcas y a Moisés, tal como eran conocidas entonces entre los judíos. Ese formidable movimiento religioso, basado casi enteramente en el judaísmo y en las tradiciones judías, no podía, como es de imaginarse, dejar indiferente al pueblo de Israel. Queriéndolo o no, éste tuvo que prestar oídos a las pretensiones de los mahometanos y prepararse para defender su religión y sus tradiciones contra el nuevo y poderoso enemigo.

El segundo acontecimiento de importancia, de origen interno, y que por ello ejerció una influencia más intensa, fué la aparición de Anan ben David, fundador de la secta de los caraítas, entre los años 760 y 767. Era Anan una de las personalidades judías más notables de su tiempo, de gran abolengo, descendiente de los jefes del Cautiverio, talmudista ilustre y buen conocedor de otras ciencias. Después de la muerte de su tío, Anan debía ocupar su sitio como Príncipe del Cautiverio, pero los gaonitas y sus discípulos de ambas Academias talmúdicas hicieron sentir todo el peso de su influencia contra él, eligiendo en lugar suyo a su hermano menor, no tan sabio ni apreciado como él. Irritado Anan, alzóse contra todo el sistema rabínico y contra el Talmud, fundando su secta de caraítas. Tal es la versión de las fuentes rabínicas.

Los caraítas, en cambio, refirieron que Anan sí fué elegido Príncipe de la Cautividad. Al hacerse cargo de la autoridad, resolvió que había llegado el momento de abolir las nuevas enseñanzas y las costumbres nuevas y restituir el sistema vigente en la antigüedad. Denunciáronlo los rabinistas ante el califa, pero Dios lo salvó de la muerte. Entonces Anan renunció a su cargo y se fué a Jerusalén.

No es admisible que en razón de una ofensa personal o de una injusticia que se hubiese cometido contra él, haya resultado Anan el fundador de una nueva secta religiosa. Más razonable es aceptar que Anan acariciaba desde antes tales propósitos y que se mostraba disconforme con el método de los gaonitas de explicar la Tora por vía oral. Los gaonitas, que conocían sus puntos de vista, lo rechazaron por eso y prefirieron a su hermano. Aunque Anan hubiese adoptado su actitud inducido por su indignación, su notable éxito demuestra, empero, que el terreno estaba preparado para aquel movimiento. No hay duda que gran parte del público estaba disconforme con el severo dominio de los gaonitas, con sus rígidas restricciones y prohibiciones. El sector más culto, familiarizado con las ciencias y con la filosofía, mostrábase descontento con las groseras concepciones de Dios, en las que creían los propios gaonitas. Además, existían desde antes pequeñas sectas judías que se habían alzado contra los gaonitas. Es posible también que hubiese aún entre los judíos algunos restos de los primitivos saduceos, quienes no reconocían el Talmud. Estos diversos elementos uniéronse bajo la dirección de Anan como oposición contra el judaísmo rabínico o talmúdico.

Una de las enseñanzas principales de Anan rezaba así: "Buscad bien en la Tora". Era un llamado al retorno a la Biblia. Lo mismo que Lutero en su tiempo y los primeros iluministas judíos de Mendelssohn en el suyo, los caraítas predicaban el retorno a la Biblia. Y así como Lutero negó la autoridad del Papa, así negó Anan la autoridad de los rabinistas y gaonitas. Sostenía que todo aquel que entiende la Biblia puede por sí mismo extraer de ella el modo de conducirse conforme a su entender. No importaba que en la práctica esta doctrina suya resultara imposible y podía conducir a que cada persona se formase su propia doctrina; no importaba que él mismo se haya visto obligado a elaborar una especie de Talmud propio, más rígido aun que el rabínico. La consigna: "buscad bien en la Tora" resultó igualmente útil para su tiempo y produjo buenos frutos. Gracias a ella los caraítas dedicáronse al estudio de la lengua hebrea y su gramática, a fin de comprender mejor la Biblia, en su acepción simple, directa, sin las complicaciones y argucias de sus comentadores.

Todo eso no pudo quedar sin influencia sobre los rabinistas, quienes tuvieron que combatir a los caraítas con sus propias armas. Aparecieron entre los rabinistas personas que se consagraron a la investigación de la lengua hebrea y del sentido simple de la Biblia. Y lo mismo que entre los caraítas, hubo también entre los rabinistas quienes se dedicaron a la filosofía y a protestar contra los conceptos materialistas acerca de la divinidad. Empeñáronse en demostrar que el judaísmo rabínico no está en contra del sentido simple y de la intención sencilla de la Tora, sino que, por el contrario, cumple y completa la Tora escrita. Trataron también de demostrar que el judaísmo rabínico está y estuvo siempre en contra de las concepciones groseras de la divinidad, y que el judaísmo, el judaísmo rabínico, puede y debe marchar mano a mano con la filosofía.

INDICE

TERMINOSE DE IMPRIMIR ESTE LIBRO
EL 10 DE DICIEMBRE 1945, EN LOS
TALLERES GRÁFICOS MACAGNO,
LANDA Y Cía., ARAOZ 162-64.
BUENOS AIRES